実録 バブル金融秘史

元大和証券常務取締役
恩田 饒
Onda Yutaka

河出書房新社

はじめに

かつて「バブル」と呼ばれた時代がある。今となっては、人々が〝財テク〟に奔走し、度を超えた贅を貪った狂乱の時代として語られることが多い。しかし、「バブル」は確実にわが国の金融史の1ページであり、重要な〝事件〟ともいえる。

それが崩壊した後には「損失補塡問題」「接待疑惑」などの問題が明るみに出て、「銀行、証券、保険の相互参入」「株式売買手数料の自由化」「有価証券取引税廃止」「投資信託の販売自由化」など、金融界は大きな変革を迫られることになった。

その遺産は、目に見える形でも、あるいは見えない形でも、その後の金融界に影を落とし、あるいは人びとの意識の中に深く刻まれ、現在に至っている。

筆者は当時、証券業界にいて、こうした流れを間近に目にしてきた。いや、その渦中にいたといってもいいかもしれない。1962（昭和37）年、著者は四大証券の一角、大和証券でキャリアをスタートし、MOF担（大蔵省担当）を務めたりもした。ニューヨークやロンドンなど海外部門にも携わり、バブルの発端となった1985（昭和60）年の「プラザ合意」のときには、その現場であるニューヨークにいた。大和証券の常務取締役となり、証券業協会と並ぶ主要な業界団体であった証券団体協議会（証団協）の常任委員長も務めた。

このように歴史の十字路に居合わせた一人の証券マンとして、その1ページを後世に書き残す使命のようなものを以前から漠然と感じていた。具体的には、当時の裏事情――バブル崩壊、損失補塡問題、住専問題、大蔵省過剰接待事件、リーマン・ショックなどの裏で何が起きていたのか――を見聞きした自分にしか、書けないことがあるのではないか。

また、今後の証券界のために何か役立てることができないか、証券界に恩返しができないものかとの考えも心のどこかにあり、本書執筆のきっかけとなった。

バブルとその崩壊、それに伴うさまざまな変革が起こった平成の金融界は、「歴史に残る大波乱時代」という言葉で表現できるだろう。それを象徴するのが、1997（平成9）年11月24日の山一証券の自主廃業だった。

それまでの証券界には、野村、山一、日興、大和という四大証券が存在した。300ほどあったわが国の証券会社の中で、この四大証券は特別な存在であり、中小証券会社が破綻することはあっても、この四大証券の一つでも姿を消すなどということは想像すらできなかった。それだけ波乱に満ちた時代だったと想像していただきたい。

この波乱を共に乗り切った、証券界、銀行界、大蔵省などで親交のあった人たちの多くは、もうこの世にはいない。当時の大和証券の会長・千野宜時、社長・土井定包、副社長の細井幸夫などもあの世に行った。野村証券でも、会長を務めた田淵節也や鈴木政志、副社長の豊田善一が鬼籍に入った。

日本興業銀行（「興銀」とも。現みずほ銀行）の歴代頭取である黒沢洋、西村正雄、藤沢義之や日本長期信用銀行（「長銀」とも。現新生銀行）の大野木克信とも、もう会うことはできない。大蔵省でも、互いにやり合った仲である証券局長の角谷正彦、松野允彦、小川是、日高壮平なども天国に行ってしまった。

このような人たちとの交友を通して昭和・平成時代の証券界の裏側を振り返ることも、また意味のあることのように思える。

よく、「平成は失敗の時代だった」といわれる。バブル崩壊以降、日本経済は落ち込んだままである。失われた10年が20年になり、「失われた30年」になった。

日経平均株価は、１９８９（平成元）年12月29日に３万８９１５円という史上最高値を付けて以来、33年経過した現在も、いまだその水準に戻っていない。この33年の低迷は、世界史上最長である。米国では、１９２９年の大恐慌による株価大暴落があったが、25年後の１９５４年には高値を更新した。

さらに、平成元年には「世界10大企業（時価総額ベース）」に、日本の企業がＮＴＴの１位をはじめ、９位の東京電力まで、なんと７社が名を連ねていたのが、平成が幕を閉じたときには１社も入っていなかった。最高位のトヨタ自動車でさえ43位である。

平成元(1989)年の世界時価総額ランキングトップ50

順位	企業名	時価総額(億ドル)	国名	順位	企業名	時価総額(億ドル)	国名
1	NTT	1638.6	日本	26	日産自動車	269.8	日本
2	日本興業銀行	715.9	日本	27	三菱重工業	266.5	日本
3	住友銀行	695.9	日本	28	デュポン	260.8	アメリカ
4	富士銀行	670.8	日本	29	GM(ゼネラルモーターズ)	252.5	アメリカ
5	第一勧業銀行	660.9	日本	30	三菱信託銀行	246.7	日本
6	IBM	646.5	アメリカ	31	BT(ブリティッシュ・テレコミュニケーションズ)	242.9	イギリス
7	三菱銀行	592.7	日本	32	ベル・サウス	241.7	アメリカ
8	エクソン	549.2	アメリカ	33	BP(ブリティッシュ・ペトロリアム)	241.5	イギリス
9	東京電力	544.6	日本	34	フォード・モーター	239.3	アメリカ
10	ロイヤル・ダッチ・シェル	543.6	オランダ	35	アモコ	229.3	アメリカ
11	トヨタ自動車	541.7	日本	36	東京銀行	224.6	日本
12	GE(ゼネラル・エレクトリック)	493.6	アメリカ	37	中部電力	219.7	日本
13	三和銀行	492.9	日本	38	住友信託銀行	218.7	日本
14	野村証券	444.4	日本	39	コカ・コーラ	215.0	アメリカ
15	新日本製鉄	414.8	日本	40	ウォルマート	214.9	アメリカ
16	AT＆T	381.2	アメリカ	41	三菱地所	214.5	日本
17	日立製作所	358.2	日本	42	川崎製鉄	213.0	日本
18	松下電器	357.0	日本	43	モービル	211.5	アメリカ
19	フィリップモリス	321.4	アメリカ	44	東京ガス	211.3	日本
20	東芝	309.1	日本	45	東京海上火災保険	209.1	日本
21	関西電力	308.9	日本	46	NHK	201.5	日本
22	日本長期信用銀行	308.5	日本	47	アルコ	196.3	アメリカ
23	東海銀行	305.4	日本	48	日本電気	196.1	日本
24	三井銀行	296.9	日本	49	大和証券	191.1	日本
25	メルク	275.2	ドイツ	50	旭硝子	190.5	日本

※平成元年のデータはダイヤモンド社のデータ（https://diamond.jp/articles/-/177641?page=2）を参照。

平成31(2019)年の世界時価総額ランキングトップ50

順位	企業名	時価総額(億ドル)	国名	順位	企業名	時価総額(億ドル)	国名
1	アップル	9644.2	アメリカ	26	AT&T	2338.7	アメリカ
2	マイクロソフト	9495.1	アメリカ	27	シェブロン	2322.1	アメリカ
3	アマゾン・ドット・コム	9286.6	アメリカ	28	中国平安保険	2293.4	中国
4	アルファベット(グーグル)	8115.3	アメリカ	29	ホーム・デポ	2258.2	アメリカ
5	ロイヤル・ダッチ・シェル	5368.5	オランダ	30	中国建設銀行	2255.1	中国
6	バークシャー・ハサウェイ	5150.1	アメリカ	31	ロシュ・ホールディング	2242.9	スイス
7	アリババ・グループ・ホールディング	4805.4	中国	32	ユナイテッドヘルス・グループ	2179.2	アメリカ
8	テンセント・ホールディングス	4755.1	中国	33	ファイザー	2164.1	アメリカ
9	フェイスブック	4360.8	アメリカ	34	ウェルズ・ファーゴ	2132.3	アメリカ
10	JPモルガン・チェース	3685.2	アメリカ	35	ボーイング	2117.8	アメリカ
11	ジョンソン・エンド・ジョンソン	3670.1	アメリカ	36	コカ・コーラ	2026.4	アメリカ
12	エクソン・モービル	3509.2	アメリカ	37	ユニオン・パシフィック	1976.4	アメリカ
13	中国工商銀行	2991.1	中国	38	チャイナ・モバイル	1963.6	中国
14	ウォルマート・ストアズ	2937.7	アメリカ	39	中国農業銀行	1935.0	中国
15	ネスレ	2903.0	スイス	40	メルク	1897.5	ドイツ
16	バンク・オブ・アメリカ	2896.5	アメリカ	41	コムキャスト	1896.9	アメリカ
17	ビザ	2807.3	アメリカ	42	オラクル	1866.7	アメリカ
18	プロテクター・アンド・ギャンブル	2651.9	アメリカ	43	トヨタ自動車	1787.6	日本
19	インテル	2646.1	アメリカ	44	ペプシコ	1772.5	アメリカ
20	シスコ・システムズ	2480.1	アメリカ	45	LVMH モエ・ヘネシー・ルイ・ヴィトン	1762.8	フランス
21	マスターカード	2465.1	アメリカ	46	アンハイザー・ブッシュ	1753.0	ベルギー
22	ベライゾン・コミュニケーションズ	2410.7	アメリカ	47	HSBCホールディングス	1749.2	イギリス
23	ウォルト・ディズニー	2367.1	アメリカ	48	ノバルティス	1742.6	スイス
24	サムソン電子	2359.3	韓国	49	フォアメント・エコノミ・メヒカノ	1713.4	メキシコ
25	台湾セミコンダクター・マニュファクチャリング	2341.5	台湾	50	ネットフリックス	1647.5	アメリカ

※平成31年のデータはYahooファイナンス参照。

一方で、当時は、姿すら見えなかった米国のGAFAM〈グーグル〈アルファベット〉、アップル、フェイスブック〈現メタ〉、アマゾン、マイクロソフト〉が5社ともトップ10入りしている。

歴史上の出来事は、そのさらに過去の事象に影響されて起こっていることが多い。現代日本が直面している歴史的な円安や経済の低迷、企業の成長の鈍化、給与所得者の賃金アップがままならないのも、必ず過去に理由があるはずだ。

あのとき、何があったのか。

ほんとうに悪いのは誰か。

筆者が知る限りのことを記したく、「昭和末期」からの金融界を振り返ってみたいと考えている。具体的には、昭和末期に起きたバブル経済を起点にし、証券会社や銀行などの金融界、監督官庁である大蔵省〈現財務省・金融庁〉、さらに世間をにぎわせたさまざまな人物を交えながら描いていく。

その中で「平成時代の失敗」を浮き彫りにし、令和の躍進につなげられたらとも願っている。読者に、少しでも心に残るものがあれば幸いである。

最後に、この本を出版するに当たって多くの人にお世話になったが、中でも『週刊エコノミスト』の藤枝克治元編集長の支援がなかったら出版できなかったと思うと感謝の念しかない。

※社名、団体名、肩書きなどはいずれも当時のものです。
※敬称は略させていただきました。

実録　バブル金融秘史　もくじ

第1章　バブル前夜から臨界へ

第2章 バブル崩壊、その陰で何が起きていたか

第3章 大銀行・大証券の破綻という後遺症

第４章 生き残りを賭けた大改革が始まった

第5章 平成後期の経済事件とその裏側

装幀●こやまたかこ
カバー画像●Tada Images/shutterstock
協力●岡本象太

第1章

バブル前夜から臨界へ

バブル前夜、動き出す「金融効率化」

1956（昭和31）〜73（昭和48）年までの日本は高度経済成長期で、まさに飛ぶ鳥を落とす勢いだった。その驚異的な成功を分析した、ハーバード大学の社会学者エズラ・ヴォーゲル著『ジャパン・アズ・ナンバーワン』（1979年刊）はベストセラーとなる。その高度成長の後半から、大蔵省は「金融効率化」を進めようとしていた。

「効率化」は、本来なら「自由化」というべきだが、大蔵省は刺激的な表現を嫌って「効率化」という言葉を選んだ。それまでの金融政策は、いわゆる「護送船団方式」で、金融機関を一つも潰さないよう、許認可権を握った大蔵省が絶大な権限をもってコントロールしていた。

当時、金融界を管轄する中央官庁は大蔵省だった。現在の財務省、金融庁の前身である。大蔵省の証券界に対する権限は絶大で、「箸の上げ下ろしまで指図する」とまでいわれたものだ。

その頃、日本の証券界は、野村証券、大和証券、日興証券、山一証券の四大証券が牽引（けんいん）していた。このうち野村証券は、株式引受高、売買高共に群を抜いており、自他共に認める業界のリーダーだったが、支店一つ開設するにも大蔵省の許認可が必要だった。筆者（1962年に大和証券に入社）も大和の社長から、

「野村は店舗新設4か店の認可を得たそうだが、当社はどうなっているのか」

と発破をかけられたことがある。何事も、大蔵省に手綱を握られていたのだ。

その大蔵省で「金融効率化」を打ち出したのが、澄田智（後に日本銀行総裁）である。澄田は1966（昭和41）年に経済企画庁（現内閣府）から大蔵省の銀行局長に就任し、金融界の護送船団方式見直しの必要性を改めて痛感する。

戦後長い間、「銀行」は、都市銀行、長期信用銀行、信託銀行、地方銀行、信用金庫、信用組合などに細かく分類され、その序列、業務、店舗配置、配当率などが厳しく規制されていた。こうした護送船団方式に対し、澄田はこの古い方式を打破して効率化を進めなければ、諸外国に対抗できなくなると考えたのだ。

日本の経済、貿易、企業は、高い関税や数量制限などの「非関税障壁」で守られ、国内産業保護行政が手厚く施されていた。そのような中で、海外の巨大資本や企業が日本に上陸しようと虎視眈々と狙っていた。貿易自由化、資本自由化、為替自由化の前夜の状況を迎えていたのである。

もちろん金融界の人間も、いずれは全面的な自由化、国際化は避けられず、海外の巨大銀行や大資本と互角に渡り合えるように、旧態依然とした状況からの脱皮が課題であることは自覚していた。

「金融効率化」を進めた
澄田智銀行局長

金融効率化に向けて残された時間は少なく、急がなければならなかった。少なくとも、澄田銀行局長の発想の原点には、そうした認識があったといわれる。金融効率化は、このように、自由化、国際化を包含した概念としてスタートを切った。

この澄田局長の見解が日経新聞に発表されると、多くのマスコミが追随し、世論の盛り上がりもそれを後押しした。金融機関もようやく重い腰を上げ、前向きに対応せざるを得なくなったのだ。

金融効率化がスタートすると、まず、規制の自由化措置がとられた。その結果として、落ちこぼれる金融機関が出れば、合併や転換、さらには預金保険での保護も必要となる。そのための「金融機関の合併・転換法」「預金保険法」が整備された。

こうした金融体制の整備によって、想定どおり、金融機関の再編成が行われ、大型合併・再編や転換が相次ぐ。

筆者が勤めていた大和証券の斜向かいにあった「日本相互銀行」の看板が、ある日突然「太陽銀行」と書き換えられ、驚いた記憶がある。相互銀行の雄である日本相互銀行が、都市銀行に転換し行名を改めたのだ。その太陽銀行も、ほどなくして神戸銀行と合併し、太陽神戸銀行（現三井住友銀行の前身の一つ）に姿を変えた。

そんな中、1969年元日の読売新聞にスクープ記事が躍る。三菱銀行と第一銀行が合併に向けて基本合意したというものだ。金融界は仰天した。この衝撃的な記事は「三菱銀行」「第一銀行」の大きな活字と共に筆者の脳裏に鮮明に残っている。しかし、結果的には、このスクープ記事が合併を破断に導いてしまう。

実際の合併交渉は、三菱銀行の田実渉頭取と第一銀行の長谷川重三郎頭取との間で、密かに行われていた。しかし、第一銀行側には、井上薫会長をはじめとする一部の首脳陣に強い反対論が渦巻いていた。反対派は、このスクープ記事を口実に「なぜ決まっていないことを発表するのか」と合併派に迫り、結局、合併は見送られた。もし実現していたら、日本の金融界の地図は、今とはまったく異なるものになっていたかもしれない。

四大証券と、群を抜く野村

昭和の時代、大蔵省の証券界に対する権限は絶大だったことは前述したが、その大蔵省も、野村証券にだけは一目置いていたように思われた。初代証券局長・松井直行（在任：1964～66）が「野村直行」と揶揄されたように、何かというと、野村証券の意向を確認してから行動を起こすようなところがあった。

野村証券は、早くから調査部を発足させ「調査の野村」「情報の野村」と呼ばれたように、豊富な情報力と正確かつ敏速な分析力を駆使し、それを営業にも活用していた。野村証券の法人担当者が事業会社を訪問するときには、野村総研のエコノミストをよく同伴していたものだ。

社内の競争も厳しく、営業マンは必死で「ベロを切る」ことを競った。「ベロ」とは注文伝票のことで、「ベロを切れない営業マンは一人前とは言えない」と叱咤（しった）された。「ノルマ証券」の異名をとった所以である。

こうして突出した情報力と営業力で、野村証券は着実に経営基盤を広げていった。

筆者は大和証券時代、野村、山一、日興、大和4社の担当が定期的に集まる会合に出席していた。一つは、各社の債権引受部の担当者が情報交換をする会合であり、もう一つは、大蔵省担当者（通称「MOF（モフ）担」。後述）の四社会である。

会合を通して感じた印象は、まず「野村の社員はやり手が多い」ということだった。山一はかつての名門だけあって優秀な人材が豊富で人間味もあり、すぐに仲良くなれた。日興と大和は似たり寄ったりで、平均的ビジネスマンという感じだった。

「野村の社員はやり手が多い」という言葉の中には、権謀術数（けんぼうじゅつすう）に長（た）けた、という意味合いも含まれる。証券業界のリーダーである野村には優秀な人材がひしめいていたので、その中で生き残っていくためには自然とそうした処世術を身に付けるものなのか、と思ったりした。

一方で、野村には勉学を重んずる社風もあった。

筆者が大和証券に入社した1年目に、野村証券のオフィスを訪ねたことがある。前述した債権引受部の会議に出向いたのだ。向こうの担当者も同じ1年目の新人だったが、机の上に経済学の本が積まれていたので驚いた。聞いてみると、先輩から「まず勉強しろ」と言われているとのことだった。こちらは同じ債権引受部の新人として、毎日、書類発送の宛名書きなどの雑用をあてがわれ、大学を出てこんなことをやらされるなんてと悶々としていたところだったから、やっぱり野村というのはすごいところだと妙に感心して、少し距離を感じてしまった。

熾烈を極めた証券会社の主幹事争い

証券会社にとって、事業会社が増資や社債・転換社債（一定の条件で株式に転換できる権利、つまり転換オプションが付与されている社債）を発行するときに、「主幹事」を獲得することが最重要業務の一つである。主幹事とは、有価証券の発行を引き受ける幹事証券会社のうち、募集や売り出しの中心となる証券会社のこと。株式公開（ＩＰＯ）に際しては、上場のためのさまざまなサポートを行う。

この分野では、山一証券が「法人の山一」といわれたように圧倒的シェアを誇っていた。その牙城を崩していったのが野村であり、それを日興、大和が追いかける、というのが当時の構図だった。とくに１９６０年代から平成にかけての野村の攻勢は凄まじい、のひと言だった。

主幹事獲得に動くのは事業法人部で、証券会社でも花形部署だ。リテール（個人営業）部で実績を上げた俊英が引き上げられ、迎え入れられる。

野村の信賞必罰体制は外から見ていても厳しいもので、主幹事獲得競争に敗れると、その会社の担当を外されたり、事業法人部から異動させられたり、ということもあった。

筆者は大和証券の債権引受部に籍を置き、事業法人部の同僚とはよく同伴していたので、野村の社員の死に物狂いの働きぶりには脅威を感じたものだ。夜討ち朝駆け、例えば事業会社の社長や役員が、朝、自宅から迎えの社用車に乗り込むタイミングを待ち受けて交渉をするなどは当たり前だった。

そんな野村に比べて、山一、日興、大和の事業法人部は、それほどの厳しさは感じられなかった。

山一の事業法人担当の専務が、あるとき、会合で「また野村に電力会社の主幹事をとられちゃったよ」と、屈託のない表情で話していたのを思い出す。大和も同じようなもので、主幹事を他社にとられても、社長が納得する説明ができればお咎め(とが)はなかった。

ある大手小売業の主幹事を野村にとられたときも、担当者は社長にこう報告した。

「野村は、その会社の株価を600円から1000円に引き上げると約束したそうです。当社には真似ができません」

それでは、仕方がないということになった。

とは言え、いつも野村が勝つというわけでもない。1964(昭和39)年頃、大和が小松製作所の外債(ドイツマルク債)の主幹事を獲得した。その後で、コマツの河合良成(かわいよしなり)社長がぼやいていたのを、筆者は聞いたことがある。

「今回は主幹事を大和さんに決めましたが、野村を外すとしばらくの間、仕事ができなくなるんですよ」

証券会社の営業マンは、主幹事が決まるまでは各社各様の努力をする。しかし、いったん結論が出てしまえば、それ以降、頻繁に足を運ぶことはない。ところが、野村だけは違う。野村の場合は、他社に主幹事が決まった後も、担当者、部長、担当役員、さらには社長までが、入れ替わり立ち替わり訪ねてくるという。それで「これでは仕事にならない。次は野村に……」ということになる。

野村だけは、常に〝その先〟のことを考えていたのだ。

この野村のやり方を、筆者も真似てみたことがある。

まだ若手の頃、オーディオ大手のケンウッドの主幹事獲得を争っていたときのことだ。筆者は担当者として奔走していたが、どうも雲行きは怪しかった。そこで、当時の石坂一義（かずよし）社長に直談判しようと、早朝8時に本社を訪問した。秘書は「石坂は9時頃、出社する予定です」と素っ気ない。

「それでは、それまで待たせていただきます」と居座って、9時に出社してきた石坂社長をつかまえ、「主幹事をうちにやらせてください」と直訴した。しかし「今回は他社に頼もうと考えているので」と、取りつく島がない。

そこで、次の日も朝8時にケンウッドに行った。秘書に「ここで待たせていただきます」と言って、9時に出社した社長に再び直訴したが、反応は芳しくなかった。

翌日もまた8時に訪問。するとこの日は、なぜかすぐに社長室に通された。

デスクの向こうで、石坂社長が「恩田さんがまた8時に来られると思って、早く出てきました」と笑っている。

「今回の主幹事は、大和さんにお願いすることにします」

そう言って話を聞いてくれた。

野村のお株を奪う営業スタイルで一矢報いたという経験も、今は思い出となっている。

MOF担は頭取への道だった

かつて、銀行・証券会社には、MOF担(大蔵省担当)がいた。銀行・証券などの金融界は、絶大な権力を持つ大蔵省の監督下に置かれていたので、大蔵省との折衝は、銀行・証券会社の運命を左右する重要事項だった。その役を担った金融機関・証券会社の大蔵省担当者を、大蔵省の英語名である"Ministry Of Finace"の頭文字をとって、「MOF担」と称した。

ちなみに、ウィキペディアで人物の経歴を見ても「MOF担」の記述があるとは限らない。

正式な役職名ではないからだ。

この「ＭＯＦ担」という言葉は、後に「ノーパンしゃぶしゃぶ事件」でよく知られるようになるが、それまでは一般にはなじみがない業界の符丁のようなものだった。それでも、銀行・証券界ではそれなりに重みのある呼称で、とくに銀行界では、ＭＯＦ担が頭取への登竜門といわれた。

実際に、三菱銀行の三木繁光頭取（全国銀行協会会長など歴任）、住友銀行の西川善文頭取（後に日本郵政社長）、さくら銀行の岡田明重頭取（さくら銀行と住友銀行の合併を主導）などは、みなＭＯＦ担を務めた人たちだ。

西川善文が、著書『ザ・ラストバンカー　西川善文回顧録』でＭＯＦ担についてこう書いている。

「銀行で渉外の仕事をメインで行うのは企画部の中の通称ＭＯＦ（大蔵省）担と呼ばれるチームだ。（中略）当時、銀行各行のＭＯＦ担は、あまりおおっぴらには言えないことだが、毎晩のように大蔵省接待を繰り返し、大蔵省が抜き打ちの銀行検査に入る前に期日の情報を探ったりしていたものだ」

平成時代の話だが、２００１（平成13）年、さくら銀行と三和銀行の合併の噂が流れていた中、さくら銀行と住友銀行の合併が実現できた裏には、さくら銀行の岡田明重頭取と住友銀行の西川頭取が若い頃（岡田頭取が前身の三井銀行にいた頃）にＭＯＦ担仲間で、互いに気心が通じていたからだといわれた。都銀のＭＯＦ担は将来の頭取候補であり、各行のＭＯＦ担が大蔵省で顔を合わせたり、銀行協会の会合で意見交換したり、夜の宴席を共にしたりして、自然に親しい間柄になったのだ。

証券界のＭＯＦ担は、銀行界ほど重要な立場ではなかったが、筆者も大和証券のＭＯＦ担として、情報収集に奔走した。具体的には、毎日1回か2回は大蔵省の門をくぐって証券局や銀行局、国際金融局などに行き、情報収集をした。時には、大和証券の社長から「よくそんな情報がとれたなあ」と、褒められたりした。

大蔵官僚のような人たちから情報を引き出すにはコツがある。それは「質問はしない」ということだ。大蔵省の考えを聞き出す場合、「この問題については、どう考えておられるのですか?」というような問いかけをしてもダメだった。まず、その問題点についての自分の考えをさりげなく会話に混ぜる。すると相手が「いや、そこはこうなんじゃないの」などと反応してくるので、省の考え方が自然にわかってくる。

じつは、最近発見された甲賀・伊賀の忍術をまとめた忍術書にも、同じことが書かれていたので驚いた。「問えば答えず。語れば落ちる」。ＭＯＦ担には忍術の極意が求められるのだ。

証券界のＭＯＦ担の有名人も何人か挙げておこう。

野村証券の社長を務めた古賀信行（こがのぶゆき）、大和証券の日比野隆司（ひびのたかし）、山一証券の行平次雄（ゆきひらつぎお）や三木淳夫（みきあつお）

らが、MOF担経験者だ。野村証券では他に、宮本尚弘がいる。宮本は、大蔵次官になった篠沢恭助や財務官の千野忠男と東大の同期生（1960年卒）で、証券界と大蔵省とのパイプ役として特別な存在であったように思われた。

日興証券のMOF担で有名なのは、後に島根県出雲市長や衆議院議員などを務めた岩國哲人である。

なお、MOF担ではないが大蔵省に影響力を持ったという意味では外せないのは、野村証券の社長・会長として絶大な権力を保持していた田淵節也である。1980年代のわが国のバブル期における竹下登（大蔵大臣、首相）との関係は有名だった。田淵は、竹下に直接電話で、証券界の要望等を話していたという。

やはりMOF担ではないが、大和では、副社長を務めた細井幸夫が大蔵省とのパイプは太かった。とくに1980年代、渡辺美智雄大蔵大臣とはツーカーの仲で、渡辺大臣が細井を可愛がっていた様子がよく見てとれた。

海外へ乗り出す日本企業

1979年に登場した英国のサッチャー首相の金融市場改革「ビッグバン」は、日本にも大きな影響を与えた。筆者は1977年から6年間、ロンドンのシティに本社のあった英国大和証券に駐在していたので、直接さまざまなことを見聞きする機会に恵まれた。

ロンドンのシティはかつて世界最大の国際金融市場だったが、ニューヨークやフランクフルトに追い越されそうになっていた。そこで、サッチャー首相は「小さな政府」を標語に、経済構造改革に挑む。政府の過剰な介入を廃し、市場原理で資源の最適配分を目指した。規制緩和と民営化による経済活性化の一環として、1986年に打ち出したのが「ビッグバン」と呼ばれる金融改革である。

その内容は「株式・債権の売買手数料の自由化」「ブローカー（料金をとって取引の仲介を行う人）とアンダーライター（有価証券を新しく発行する企業から手数料を取って引き受け、投資家に販売する人・機関）の兼業規制の廃止」「取引会員権の外国資本への開放」等である。そのための金融サービス法も整備された。

その結果、マーチャントバンク（英国特有の金融機関）は相次いで外資に買収され、1989年にモルガン・グレンフェルがドイツ銀行に、95年にSGウォーバーグがスイス銀行の傘下に入った。それは「ウィンブルドン現象」と揶揄（やゆ）された。テニスのウィンブルドン大会のように「場所を提供するのは英国だが、そこで活躍するのは、テニス同様、米国やスウェーデンの選手」という意味である。だが、その一方で、英国の金融市場は国際的な競争力をつけ発展を遂げていく。

ともかくも、ビッグバンという規制緩和により、金融の国際化、自由化が一気に進むわけだが、こうした流れは１９７０年代からすでに始まっていた。

１９７０（昭和45）年9月17日、ソニー株式がニューヨーク証券取引所（ＮＹＳＥ）に上場する。これが、日本の証券市場の国際化の起点となった。日本企業としては初、外国企業としても30番目のＮＹＳＥ上場銘柄である。

「ソニーを世界的基盤に立つ企業にしていきたい」

当時の盛田昭夫社長がニューヨークでの講演会でそう語っていた声が、今も耳に残っている。

その頃の日本は高度成長期のただ中にあって、資金需要が大きく伸びていた。しかし、企業にとって多額の資金を調達するのは困難な状況だった。今の時代であれば、資金調達の方法はいくらでもある。企業の内部留保も潤沢だ。ところが当時は、資金調達の方法は限られていて、社債を発行してもなかなか買い手がつかなかったのだ。

ソニーは、すでに米国市場で転換社債を発行するなどの実績があった。ＮＹＳＥ上場は資金調達の他に、海外での知名度の向上、製品の販売促進などの目的もあった。

この日本企業初のＮＹＳＥ上場は、大きな成果をもたらす。米国人の中には、ソニーを米国企業と勘違いしている人も少なくなかった。その後、松下電器産業（パナソニック）やホンダも、ＮＹＳＥ上場を果たしている。

大和証券が海外市場で初の主幹事に

ソニーがNYSEに上場した頃、日本の証券会社も海外での資金調達に力を入れはじめていた。そんなわが国の証券会社の中で、海外市場での資金調達の「主幹事」役の先鞭(せんべん)を付けたのは、業界No.1の野村証券ではなく、大和証券だった。シンガポールでアジアダラー市場の創設を主導し、第1号の主幹事になったのだ。

当時、国内では野村をはじめとする四大証券が企業の資金調達の主幹事を務めていたが、国際的な市場では、欧米の主要証券会社が主幹事を独占していた。そもそも、当時の国際的な金融市場といえば、アメリカ市場、ヨーロッパ市場、ユーロダラー市場だけで、アジアダラー市場というものは存在しなかった。

そこで、シンガポールでアジアダラー市場を創設しようと、当時の大和証券国際部担当役員・細井幸夫がシンガポール政府に働きかけたのだ。

1971(昭和46)年、細井を筆頭に、濱田邦夫(はまだくにお)弁護士、国際部の雁金利男(かりがねとしお)と筆者の4人でシンガポールに赴き、当時のリー・クアンユー首相と交渉を重ねた。濱田邦夫は、後に最高裁判事を務めるほどの人物である。

当時、シンガポールには短期金融市場の法律はあっても、長期のアジアダラー市場を創設するための法律がなかった。そこで濱田が中心となって、なんとか法整備を完成させた。

法整備の次は、アジアダラー債を発行してくれる企業を見つけ出さなければならない。当時、シンガポールの企業にはあまり資金需要はなく、しかも創設間もない市場での第1号発行者となることを、どこも躊躇（ちゅうちょ）していた。たとえ発行者が見つかったとしても、その債券の販売という難題が待っている。

結局、シンガポール政府の協力もあり、シンガポール開発銀行（DBS）が名乗りを上げてくれた。販売先も、いろいろな縁が味方してくれてなんとか完売することができた。

じつのところ、海外での市場創設には、国内からの圧力もあった。アジアダラー債を国内投資家に販売することに、当初、大蔵省が首を縦に振らなかったのだ。しかしこれも、濱田弁護士の尽力でなんとか解決した。

実際の購入には、東京銀行の高垣佑（たかがきたすく）国際部長（後の頭取）が協力の手を差し伸べてくれた。今振り返ってみると、本当に不思議な縁が連続して、「アジアダラー第1号債」は誕生したのだった。

この事実は、日本の金融史の中でも大きく扱われることは少ない。当時のニュースなどでも大きく取り上げられることはなかった。しかし、その後のアジアの発展に大きく寄与したことを考えると、大変意義深いことだったと筆者は思っている。

ところで面白かったのは、野村、日興、山一各社の反応だ。

細井幸夫取締役が事前の挨拶に赴いた機会に、筆者も同行した。

今度、シンガポールでアジアダラー市場を創設し、第1号債を出すのだと報告すると、日興の専務も、山一の専務も「大和さん、よくやったね」と手放しで喜んでくれた。

ところが、野村の相田雪雄常務に報告したときは、サッと顔色が変わるのがわかった。大和に先を越されたことが、国際部担当の役員としてはよほどショックだったのだろう。いかにも野村らしい反応だと、妙な感心をしたものだ。

1970年に登場したサムライ債

アジアダラー市場の創設と同時期に、日本の資本市場の国際化に貢献したのが「サムライ債」の発行だった。サムライ債とは、国際機関、海外の政府や民間企業が、わが国で発行する円建ての債券である。正式には「円建外債」だが、通称「サムライ債」と呼ばれた。

1970（昭和45）年12月、アジア開発銀行が発行した60億円の債券が第1号である。海外機関、企業が円建てで資金調達するなど、それまで考えられないことだった。ちなみに民間企業の第1号債は、79年、世界一の小売流通企業シアーズ・ローバック社（アメリカ）である。続いてヨーロッパ諸国も円建債を発行するようになった。

1977（昭和52）年にノルウェー政府がサムライ債を発行したときには、筆者はロンドンに駐在していた。日本の証券各社が熾烈な主幹事獲得競争を繰り広げていて、どこに決するか予断を許さなかった。主幹事宣言の当日、筆者はノルウェー大蔵大臣に会うために首都オスロに赴いた。

「主幹事は、大和証券に決めた」と、大臣は会うなり握手を求めてきた。しかし、続けてこうも言った。

「もしも日興証券にイワクニが在籍していたら、日興にしたかもしれないがね」

イワクニとは、前にも触れた、MOF担を務めた岩國哲人だ。岩國は、かつて日興証券に勤務し、ニューヨーク、ロンドン支店を経てパリ支店長に就任。有能な証券マンとして名を馳せていた。しかし、主幹事宣言の数か月前に日興を退社し、米国の投資銀行モルガン・スタンレーに転籍していたのだ。岩國は後に、メリルリンチ日本法人の社長・会長を務めることになる。

大和としては、タイミングも味方につけた勝利だったといえる。

その後、大和はスウェーデンやフィンランド政府のサムライ債の主幹事も獲得することができた。中でも、フィンランド・サムライ債には忘れられない思い出がある。

筆者が、ヘルシンキでフィンランドの大蔵大臣にアプローチしていたときのこと、雑談の中で「今度、欧州のバンカーを呼んでテニス大会を開催する」という話が出た。そこで「それは楽しそうだ。ぜひ私も呼んでいただきたい」と売り込んだ。

するると「これは失礼。Mr.オンダがテニスをするとは知らなかった。ぜひご招待しましょう」

と、営業の糸口をつかむことができたのだ。

しかし、大変なのはここからだった。本当は、テニスなどまったくやったことがない。ロンドンに帰ると、さっそくテニスの特訓を始めた。ウィンブルドンで女子ダブルス優勝経験のある60代の英国夫人が教えてくれることになったが、いくら優秀なコーチに教わっても、すぐに大会に出られるレベルまで上達するわけがない。

参加したフィンランドでのテニス大会は、当然のように1回戦敗退。しかし、豪華客船で行われた大会後の懇親会では、参加者の一人としてスピーチもした。拙(つたな)い英語ながら笑いもとれた。懇親会は大いに盛り上がり、関係者との距離も縮まった。おかげで、円建債券の獲得につながったと思っている。

今となっては楽しい思い出の一コマだ。

鄧小平の先見の明が証券取引所を中国に誕生させた

今から50年ほど前の1970年代、共産主義の中国に、将来、証券取引所が誕生することを想像できた人はいただろうか。

当時、大和証券国際部の部員だった筆者は、中国側からの要請で中国国際信託投資公司（CITIC）に講師として出張したことがあった。「資本市場とは？」から始まり、証券取引所、株式、債券などについて2日間にわたり研修を行った。

当時の中国の街は、現在の大国の姿からは想像できない、寂しいものだった。夜、北京空港からタクシーに乗ると、行き過ぎる風景は電力不足により真っ暗で、市街地に入っても一部のホテルに明かりがかすかに見える程度だった。

女性の服装も、今のように色鮮やかではなく、みな同じような人民服に身を包んでいる。自動車もほとんど走っておらず、広場の隅に2〜3台置かれている程度。それもあまり見かけない車種で、聞くとソ連製だということだった。朝の通勤時には、自転車の混雑があちこちに見られた。

1990年に設立された深圳証券取引所旧本所ビル(現在は移転済み)

今日では高層ビルが屹立(きつりつ)する最先端都市深圳(シンセン)も、半世紀前は街はずれの川や丘が見渡せる殺風景な郊外都市だった。その深圳に、鄧小平(とうしょうへい)国家主席のもと、1990(平成2)年に証券取引所が創設されたのである。なぜ深圳なのかといえば、香港と目と鼻の先だったからだろう。

近代化が遅れていた当時の中国で、鄧小平は「黒でも白でもネズミを捕る猫が良い猫だ」「なれる人から金持ちになろう」と国民を鼓舞し、現在のような近代国家建設の先駆者となった。証券取引所の設立には10年以上かかったが、鄧小平は１９７８（昭和53）年に国家主席になる前から、準備をしていたのだ。

そんな鄧小平は、１９７８年に「日中平和友好条約」の批准書交換のために来日している。そして当時、経営の神様と呼ばれた松下幸之助に、「中国の近代化を手伝ってください」と協力を求めた。松下はこれを受け入れ、中国に工場を建設し、雇用創造などさまざまな面での協力を惜しまなかった。現在でも、中国はその恩を忘れずに、書店の店頭には彼の著書が数多く並べられているという。

この鄧小平をはじめとする偉大な政治家たちが、近代の中国の歴史を紡いできた。深圳に証券取引所が創設された後の中国の発展は目覚ましく、２０１１年にはＧＤＰ（国内総生産）も日本を超えた。近い将来には、米国も抜いて世界一を窺う勢いである。半世紀前の中国を見てきた筆者としては、誰がこの状況を想像できただろうかという思いである。

「65条問題」から始まった銀行・証券の綱引き

１９６０年代からの金融効率化（20頁参照）の中で、注目を集めたのが、いわゆる「65条問題」だった。証券取引法の第65条では、銀行業と証券業の職能をはっきりと分け、垣根を明確にしている。その垣根が、金融効率化の流れの中で徐々に崩されつつあったのだ。

1983（昭和58）年4月には、銀行による国債の窓口販売が始まり、翌84年には銀行の国債のディーリング業務（自社の資金を使って株式、債券、為替などの売買取引を行い、利益を追求する業務のこと。「自己売買」とも）への参入が認められるようになった。銀行が証券業務をじわりじわりと侵食していて、65条問題はいよいよ微妙な段階を迎えていた。

「三局合意」もまたその焦点の一つだった。これは、銀行局、証券局、国際金融局の3局による取り決めである。「合意」とはいうが厳密には「指導」で、「わが国の銀行系の海外証券引受専業子会社の活動規制を目的とする行政指導」を指す。具体的には「銀行系子会社が、日本の証券会社系の現地法人との間で、日本居住者発行の外債引受をめぐって競合する場合は、証券系子会社の優位を認める」という内容だ。

ところが銀行は、現地の銀行を買収するなどして、この「三局合意」を有名無実化しようとしていた。銀行は証券業務ができるが、証券会社に銀行業務はできない。完全に証券会社に不利な流れである。

そんな環境の中で、証券界のために孤軍奮闘してくれていたのが、当時の大蔵省証券局長・佐藤徹（とおる）だった。証券業界サイドに立って銀行局と交渉し、銀行がなし崩し的に証券業務に入ってこないよう頑張ってくれた。

佐藤が証券局長に就任したのは、1983年6月である。その頃、筆者は6年間勤務した英国から帰国して、大和証券の国際金融部長に就任していた。当時の大和証券の国債部門は、細井幸夫専務が担当し、大蔵省とのパイプ役を務めていた。

細井は証券界きっての論客で、大蔵省幹部の受けもよく、官僚から意見を求められることも多かった。とくに、佐藤局長とはウマが合った。細井が佐藤に会いに行くときは、筆者をよく連れて行ってくれた。そんなこともあり、筆者も佐藤と面談する機会を多く得た。佐藤のあだ名は〝破れ傘浪人〟で、小柄な体格であったが、その偉大さは直に会って肌に感じるものがあった。

佐藤は1954（昭和29）年に大蔵省に入り、主計局総務課を振り出しに、主計官を経て主計局法規課長へと階段をのぼっていった。「将来の次官候補」と言われるほどのエリートだったが、証券局長としては異彩を放っていた。

というのも、当時の大蔵省内で証券局の立ち位置は、決して高いものではない。主計局をトップに、主税局、理財局、銀行局、国債金融局に準ずる立場に甘んじていた。歴代の次官も主計局出身者が多く、証券局長からなったものはいなかった（後に、小川是（ただし）が証券局長から次官に昇進した）。

その佐藤は、残念なことに1985（昭和60）年1月、53歳という若さでこの世を去っている。肝臓がんだった。佐藤の仕事ぶりは、自身のその後の運命を予知していたかのように精力的で凄まじかった。

佐藤はスッポン料理が好きで、亡くなる数日前にも京都のスッポン料理店「大市」を訪ねている。よくグルメ談義で「もし明日死ぬとしたら、最後の夜に何を食べたいか」という話題になることがあるが、彼はスッポン料理に舌鼓を打ち、その数日後に時の彼方へ旅立った。

プラザ合意で懸念されたのは、バブルより不況だった

英国発の金融自由化の流れの中で、バブルは突然に訪れる。契機となったのは「プラザ合意」だった。プラザ合意とは、1985（昭和60）年9月22日、ニューヨークのプラザ・ホテルで行われた先進5か国蔵相・中央銀行総裁会議（G5）により発表された為替レート安定化、つまりドル高是正に関する合意である。

それに先立つ同年3月、米上院は日米貿易に関する対日批判を決議した。当時のレーガン大統領は「強い米国、強いドル」を標榜し、高金利・ドル高政策を推進。日本等から大量の資本が流入して、ドル高が加速された。その結果、米国の国際収支が悪化し、日本の巨額の貿易黒字への不満が爆発したのだ。米国は、日本の巨額貿易黒字を非難する一方で、自国産業を強化する戦略を練っていた。

9月22日、先進5か国（米国・日本・イギリス・西ドイツ・フランス）のリーダーがプラザ・ホ

テルに集結したのはそんな状況下だった。その年、筆者は米国大和証券の現地法人社長としてニューヨークに赴任していたので、今でも鮮明に記憶に残っている。

セントラルパークの入り口に建つプラザ・ホテルはマンハッタン島の中心に位置し、歴史的会議を開催するにはふさわしい場所だ。そこに、先進5か国の蔵相・中央銀行総裁らが集結した。日本からは、竹下登大蔵大臣、澄田智日銀総裁、山口光秀大蔵次官、大場智満大蔵省財務官らが出席している。

前述したように、当時の米国は、貿易赤字に軍事費膨張などによる国家財政の赤字も累積し、国内経済は悪化。国民の不満は高まっていた。そのような事情を背景に、米国は先進国に対して対ドル価のレート引き上げを要請したのだ。その結果、日本の円と西独のマルクを押し上げる為替介入が決定された。

プラザ合意には、三つのポイントがあるといわれる。

(1)「強い米国」が、貿易赤字と財政赤字という〝双子の赤字〟の拡大で、「強いドル」を放棄したこと

(2)世界経済の指導力が、米国を中心としたG5から、カナダ、イタリアを加えたG7に移行したこと

(3)為替政策による協調が実現したこと

このプラザ合意発表の翌日、円相場は1ドル＝235円からわずか1日で約20円上昇。1年

1985年、プラザホテルでの会議終了後、勢ぞろいした各国蔵相。
右端が竹下登大蔵大臣（写真提供：ジャパンアーカイブズ）

後の１９８６（昭和61）年７月には、１５０円台まで急騰し、「プラザ不況」が懸念された。政府・日銀は公定歩合を５回にわたって引き下げ、85年に５％だった金利は、２年後の87年には２・５％という戦後最低レベルとなった。

しかし、こうした円高不況の心配をよそに、日本はバブル景気に突入していく。プラザ合意を意識した金融政策による資金の過剰流動性により、株式や土地に資金が流れたのだ。わが国のバブルの期間についてはさまざまな説があるが、本書では、１９８６年12月から１９９１（平成３）年２月までの株式や不動産を中心とした試算価格の高騰と経済の拡張期＝約51か月を考えたい。

この間、株価は安値と高値の比較で約３倍の暴騰を記録している。日経平均は、プラザ合意前の９月20日の１万２６６６円から、その１年４か月後の１９８７年１月30日には２万円台の大台にのせ、同年８月には２万６０００円台を記録。その後も上昇を続け、１９８９（平成元）年12月29日の大納会では、3万8915円にまで達した。

政府も、基本的にはこの株価高騰を容認していたように思われる。世の中はバブル景気に沸いた。夜の銀座の賑わいは今ではとても想像できないほどで、「夜のタクシーは拾えない」といわれた。ある俳優の、ひと晩の飲み代が1000万円だったとの噂が流れたりもした。

株高以外でも、不動産、ゴルフ会員権、貴金属、さらには絵画までが暴騰。とくに東京都心部の地価上昇は異常な急カーブを描いた。大企業がさらなる発展のために、時価発行増資や社債で積極的に資金調達を図り、融資先を失った銀行が不動産融資にのめり込んだためだ。毎年1月1日時点で発表される公示価格では、84年が対前年比22・0％、85年が30・8％、86年が53・6％と異常な上昇となった。

日本一の地価といわれた銀座5丁目の角に近い鳩居堂の坪単価が、1億円を超えたと騒がれたのもこの頃である。プラザ合意後の地価上昇を、大蔵省は「東京主導型」と呼んだが、この影響は地方圏にも波及していった。長者番付（高額納税者番付）の上位100人中7割が、土地を売った長者だったほどの狂騰ぶりを見せていたのだ。

筆者が勤務していた大和証券の子会社に、大和サンコーというゴルフ会員権売買の仲介会社があった。そこの担当部長に路上で偶然会ったことがある。名門ゴルフコースとして知られる小金井カントリー倶楽部の会員権を、これから受け渡しに行くところだという。その売買価格が4億2000万円だと聞いて仰天した。

後日、友人の英国人にこの話をしたら、「イギリスなら、その価格でゴルフ場そのものが買えるよ」と笑っていた。

一方、1986年12月には、日銀の円卓で南原晃（なんばらあきら）調査統計局長が「日銀短観の結果からも景気底入れを確信する」との報告をし、さらに「内需拡大を確かなものにするためには、さらなる金利引き下げと、最低5兆円の財政出動が必要」と進言した。2か月前の10月には、日銀は、プラザ合意後4回目の公定歩合の引き下げに踏み切ったばかりだった。

この南原の発言は、翌年の87年に実現することになる。前述したように、公定歩合は5回目の引き下げで、当時の史上最低である2・5%となった。これによりバブル現象は、驚異的なレベルにまで上り詰めたのだ。

NTT株上場が財テク狂奔のスイッチに

1980年代後半、バブルが日本を席巻（せっけん）し、財テクブームが起こった。財テクとは、企業や個人が本業以外、つまり金融・証券市場などを利用して財産を増やそうする行為のことだ。

なかでも有価証券運用が人気だった。とくに企業は、株価の上昇期待に乗って利益を得ようと、資金を借り入れてまで投資にのめり込んだ。それまで証券市場になど興味を示したこともなかった一般サラリーマンや主婦も、我先にと株に手を伸ばした。

この財テクブームの起爆剤となったのが、NTT株の上場である。1982（昭和57）年に誕生した中曽根康弘内閣は、日本国有鉄道、日本専売公社、日本電信電話公社の三公社などの民営化を推進。その第1号となったのが、日本電信電話公社を民営化して1985年に発足した、日本電信電話株式会社（NTT）の誕生だった。

NTT株の新規上場は、1987年2月9日に行われた。このNTTの公募株を手に入れようと、個人投資家が証券会社に殺到し、株式市場は活況に沸いた。

日経ビジネスの調べによると、1986〜87年に株式市場に参入した個人投資家の数は376万人も増加し、そのうち119万人がNTT株を購入していた。政府もこの動きを「貯蓄から投資への動き」として評価した。

大和証券でも、NTT株の売却に関する社内説明会が連日のように開催されていた。株式引受部や調査部の担当者が、その意義や公開価格の予想値など分析して、社内に説明をしていたのだ。

一般的に、公開株の妥当価格の算定にはいくつかの基準がある。類似会社批准方式（同じ業種の公開会社の平均と比較する）、DCF（Discounted Cash Flow：収益資産の生み出すキャッシュフローを割引現在価値に直すことで株式の価値を算出する方法）、PER（株価収益率。株価が、1株あたりの純利益の何倍まで買われているかを示す倍率）などだ。

政府内では、さまざまな角度から検討した結果、NTT株の売り出し価格は「21万円が妥当」という意見があったという。しかし、当時のNTTは独占企業であって、同業他社は存在しない。また、通信事業に関する法規制は国によって異なるので、外国の企業との単純な比較もできない。

大和証券社内の説明会では、80万〜100万円が妥当な価格と説明されていた。実際の公開価格は、取り扱い証券会社の入札によって決定され、1987年2月9日、119万7000円で売り出された。

「政府が売り出す株で損をするはずがない」

民営化されたNTTの株式が1987年2月9日に上場。買い人気が殺到し、翌10日に160万円の初値が付いた（写真提供：共同通信社）

そう考えた人々が殺到し、申込数は1060万人に達した。譲渡先は抽選によって決定し、165万人のNTT株主が生まれた。これは、当時のわが国の株主数（約2000万人）の8%に相当する。

売り出されたNTT株は、翌2月10日には160万円という初値を付けた。運良くNTT株を購入できた投資家は、一夜で約40万円の利益を得たことになるが、これは当時の大学卒初任給の約3倍にあたる。

ＮＴＴ株は、その後も断続的に民間に放出された。四大証券は、第二次、第三次の売り出しの幹事となることを競って、売り上げシェア競争を展開した。それもあってＮＴＴの株価は暴騰し、２か月後の４月22日には３１８万円の高値を付ける。ＮＴＴは世界一時価総額の高い会社になり、株長者が続々と誕生した。そんな中、株式市場への国民的関心も飛躍的に高まっていく。

当時、１株３１８万円としてＰＥＲを計算すると３００倍以上になったが、これは合理的な説明ができる領域をはるかに超えている。大和証券社内でも「○○部の誰それは、ＮＴＴ株で儲けて新車を買ったらしい」などの噂話が飛び交ったものだ。株で儲けた人とそうでない人との間に大きな格差が生じたことを、世間の空気は敏感に感じ取っていた。

ただ、このブームは長くは続かなかった。１９８７年７月、ＮＴＴ株は売り出しから３か月後に２２５万円まで下落。さらに、90年代初頭には上場初値の３分の１程度まで落ち、低迷する。売却のタイミングを逸した株主は、大損を被ったことになる。

そんな〝ＮＴＴ株騒動〟から、すでに30年以上の年月が流れた。その後、分割などを繰り返しながら、株価は公募価格の水準まで戻っている。ＮＴＴ株は、熱狂と長い低迷を経て、今ようやく国民の理解を得られる株式となった。

財テクに踊らなかった稲盛和夫

1980年代後半のバブル時代に起きた財テクブームの熱狂ぶりは、凄まじいの一語だった。しかし、そのバブルの真っ只中で、財テクブームの流れにのらなかった著名な経営者がいた。京セラの創業者・稲盛和夫である。

稲盛は、バブル時代に銀行から不動産投資を勧められても、「一生懸命働いて、額に汗して稼がず、不動産投資などで儲けるのは邪道だ」と言って断った。「人間として何が正しいか」を、すべての判断基準にして、銀行・証券からの誘いに一切のらなかった。バブル崩壊後のオリンパス事件（後述）などを見ると、企業経営者の判断の重さを教えてくれているように思う。

筆者が稲盛に最初に会ったのは、今からほぼ半世紀前で、稲盛もまだ40歳代の若手経営者だった。当時はいつも作業服を着ていて、会ったときの第一印象は「気さくで、茶目っ気があり、温かみのある経営者」である。

筆者が感銘を受けた逸話をいくつか紹介したい。

稲盛は、1960年代にアメリカに出張した際、ニューヨーク五番街のティファニー宝石店で、緑色に輝くエメラルドに魅せられた。同時に、稲盛は疑問も抱いたという。

「天然だというだけで高価なのはおかしい。質が悪い宝石もある。もっと人の心を豊かにする美しいジュエリーをつくれないものか」

そして稲盛は、人工宝石の開発・製造をスタートさせた。

1975(昭和50)年、稲盛は開発した人工エメラルド（クレサンベール）を海外に紹介するために出張することになった。このとき筆者は、稲盛を羽田空港に見送りに行っている。羽田空港のVIPルームで稲盛と向き合ったときである。稲盛はアタッシェケースを開いて、その人工エメラルドを見せてくれた。そしてこんなことを話しはじめた。

「恩田さん、じつは先日、これを専門家に鑑定してもらいました。本物のエメラルドの場合、専門の鑑定士であれば、含有物や気泡の状態などからその産地までわかるのが通常です。しかし、当社のエメラルドは人工なので、鑑定が難しい。結果は『ソ連の山奥で採れたエメラルドでしょう』というものでした」

その次に若い稲盛の口から出た言葉が、今でも私の心に鮮明に残っている。

「この石は、裸石のままでは売らないことにしました」

裸石のまま売ると、買った仲買人などが、本物のエメラルドと偽って売ることもあるかもしれない。そうすれば、購入したお客様に迷惑をかけることになる。だから、指輪やネックレスに加工してからでないと売らないというのだ。

これが、後の売上高2兆円近い京セラ社長の言葉であれば、なんの不思議もないかもしれない。だが、その当時の京セラは社員数も900人ほどの、京都の一中小企業でしかない。その

40歳そこその若い経営者が、売れればいいというのではなく、あくまでもお客様第一に考えていたことに筆者は強く心を打たれた。

また、こんなこともあった。

稲盛が「経営目標を達成したら、全員でハワイ旅行に行こう」と宣言した。無事目標を達成したので、900人の全社員が3班に分かれて出発し、ほとんどの社員が初めてのハワイ旅行を楽しんだ。このとき稲盛は、アルバイトの掃除スタッフも連れて行っている。その高齢の女性は、一生に一度行けるかどうかのハワイ旅行に涙したという。

稲盛は、倫理観や社会的規範を重視していた。当時、京都・山科（やましな）にあった京セラ本社7階の和室で、毎晩のように10人ほどの社員と車座になって、酒を酌み交わしながら稲盛哲学を説いていた。稲盛は、それを「コンパ」と呼んでいた。

稲盛の口から出てくる言葉は、時に厳しいものもあったが、笑顔は絶やさず、常に相手への愛情のようなものが全身からにじみ出ていたという。筆者にも、五臓六腑（ごぞうろっぷ）にしみ込むような言葉をたくさんくれたものだ。

また、他愛のない話やエピソードの中にも、人柄を偲ばせるものがいくつもある。

「経営者は、夜、寝ているときでも考え続けないといけない。そうすれば、解決できないことはない」

そう言って、稲盛は寝床の枕元にいつも紙と鉛筆を置いているのだと話していた。

そんな稲森が起業家になろうと思い立ったのは、10歳のときだったという。最初に始めたのは、駄菓子屋に「お菓子を入れる紙袋」を売りに行くというビジネスだった。自転車に乗って駄菓子屋をいくつも回ったが、最初は自転車を漕ぐのもままならず、下り坂で電柱にぶつかったりしたそうだ。

筆者は一度、若き稲盛社長から叱られたことがある。京セラの株価が下落し、稲盛の所有株式の評価が大幅に下がったときのことだ。「株価が下がって大変ですね」と言ったら、「経営者は、株価などをいちいち気にしていてはダメなんだよ」とたしなめられた。

65歳での得度（出家）といい、神が稲盛和夫という人間になってこの世に降臨し、われわれを導いてくれたのかもしれないと思うことがある。

2022（令和4）年8月24日、稀代の名経営者・稲盛和夫は、晩年、口にしていた「私の人生は本当に幸せだった」との言葉と共に、90歳で静かに来世へ旅立った。

ブラックマンデーでも日本経済の勢いは止まらず

NTT株で日本が踊った1987（昭和62）年は、ブラックマンデーが世界を震撼させた年でもある。

当時、日本の企業はバブルで舞い上がっていた。筆者はニューヨークに駐在していて、アメリカ経済に迫るジャパンマネーの脅威を実感していた。東京の土地の地価合計でカリフォルニア州がまるごと買える、などの冗談も飛び交ったりしていた。

この年、日本の株式市場では、NTT株の上場もあり、個人投資家の株式市場に対する関心が一段と高まっていた。株は必ず値上がりする、買えば誰でも儲かるという風潮が日本中を覆っていた。事実、日経平均は1986年10月の1万5000円台から、1987年10月の2万6000円台へと、1年で1万1000円の急騰を演じていた。

そんな中、1987年10月19日の月曜日、ニューヨーク市場ではダウ平均株価が前週末から508ドル下落、比率で22・6%の大暴落が発生した。1929年の世界恐慌の引き金となった「暗黒の木曜日」と対比して、「暗黒の月曜日（ブラックマンデー）」と呼ばれることになる。イギリスの国際政治学者スーザン・ストレンジが、著書『カジノ資本主義』で警告を発してから、ちょうど1年後のことだった。

引き金となったのは、ベーカー米財務長官が、西独の金融引き締め策を批判した発言だったといわれている。米独の方向性の違いは国際協調体制の破綻を示唆していると、市場は極度に神経質に反応した。

東京市場でも、翌10月20日は朝から売り注文一色となった。日経平均株価の終値は3800円以上値下がりし、前日比14・9%安と東京証券取引所開設以来の暴落を記録した。

しかし一方で、日本の金融機関等のマーケット関係者は意外に冷静だった。一部で「暴落の原因は、コンピュータのシステムトラブル」などの噂が流れていたこともあり、暴落は一過性のものとの見方もあった。事実、影響は米国市場ほど長く続かなかった。

「ブラックマンデーの翌日はスーパーチューズデーだ」などと言う者もいた。スーパーチューズデーとは、米大統領選の行方を占う予備選挙が集中する日で、この日を境に、その後の選挙に向けた本格的な運動がスタートする。日本の景気が、ブラックマンデーにびくともせずに拡大を続けた情況を皮肉ったジョークだ。

それから半年も経たない翌1988（昭和63）年3月3日、日経平均はブラックマンデー以前の水準を回復。そして12月29日、ブラックマンデーから2年2か月の間に、2万1910円から3万8915円へと前代未聞の大暴騰を演じ、東京市場の上場株式の時価総額がニューヨークやロンドンの市場を抜いて、世界一を記録したのだ。

やりたい放題だったインサイダー取引

当時、日本の株式市場が活況を呈した要因の一つに、インサイダー取引の横行がある。関係者のみ知りうる情報をもとに株式を売買するインサイダー取引は、現在では違法である。しかし、規制が導入されたのは1988年であり、それまでは野放し状態だった。

証券会社では、株価に影響を与えるようなインサイダー情報をいち早く入手することが事業法人部員の任務とされ、それができない者は無能呼ばわりされた。営業マンもそうした未公開の情報をもとに「ここだけの話ですが、この株は絶対に値上がりします」などと投資家を誘惑した。当時、兜町界隈で中江滋樹などの仕手筋（大量の資金を投入して株価を操作し、巨利を得ようとする投資家及び投資集団）が暗躍できたのもインサイダー取引によるところが大きかった。

インサイダー取引を改めて定義するなら、「証券市場の取引において、未公開の重要な内部情報を知りうる立場を利用して行う、当該株式の不正取引」ということになる。これを認めれば、公開された情報だけをもとに売買する一般の投資家との不公平が生じてしまう。証券市場を健全に発展させるために、規制は避けて通れない道だった。

インサイダー取引のキーワードは、四つある。「会社関係者・情報受領者」「重要事実」「株式等の売買」「公表」だ。

まず、「会社関係者」とは上場企業の役員・従業員、「情報受領者」とは会社関係者から直接に重要事実を聞いた人である。「重要事実」とはひと言で言えば、当該会社の株価に影響を与える情報。例えば、株式の発行、合併、業績予想の大幅修正などがある。

「株式等の売買」は、有価証券の取引を意味し、最後の「公表」は、重要事実が証券取引所のホームページ（適時開示情報閲覧サービス）に掲載されることなどをいう。

欧米では当然のように取り締まられていたインサイダー取引が、わが国でも問題視されるようになったのは、1980年代の後半になってからである。1988（昭和63）年2月24日付の証券取引審議会報告書では、次のように記されている。

「有価証券の発行会社の役員等は、投資家の投資判断に影響を及ぼすべき情報について、その発生に自ら関与し、又は容易に接近しうる特別な立場にある。これらの者が、そのような情報で未公開のものを知りながら行う有価証券に係る取引は、（中略）内部者取引の典型的なものと言われている。こうした内部者取引が行われるとすれば、そのような立場にある者は、公開されなければ当該情報を知りえない一般の投資家と比べて著しく有利となり、極めて不公平である。このような取引が放置されれば、証券市場の公正性と健全性が損なわれ、証券市場に対する投資家の信頼を失うこととなる」

当時、欧米諸国では、すでにインサイダー取引規制は導入されていて、さらに強化する動きさえあった。わが国でも社会的関心が高まっていた。そのような中で、前述の証券取引審議会報告書が出て、同年5月にインサイダー取引規制を盛り込んだ「改正証券取引法」が国会で成立する。

このインサイダー取引規制を柱とした改正証券取引法の成立の陣頭指揮をとったのが、当時の証券局長・藤田恒郎（つねお）である。藤田は若い頃、外務省ベルギー大使館に出向したこともあり、英、仏、独の3か国語を操る逸材だった。

その後、大蔵省は、1992（平成4）年にインサイダー規制のために「証券取引等監視委員会（SESC）」を設立する。米国の市場監視機関「Securities and Exchange Commission（SEC）」の日本版である。SESCは、国会の同意を得て内閣総理大臣により任命された委員長1名、委員2名で構成されている行政機関で、事務局には、事務局長をはじめ大蔵省の精鋭が出向していた。初代委員長には、元名古屋高検検事長の水原敏博（みずはらとしひろ）が着任した。

証券・金融の不正取引にメスを入れ、投資家の信頼を取り戻そうと発足した「証券取引等監視委員会」。看板を掛けるのは水原敏博委員長（写真提供：共同通信社）

筆者は当時、証券団体協議会（証団協）常任委員長（詳しくは101頁参照）の立場で、就任直後の水原委員長に会いに行っている。SESCは大蔵省のビルの中にあって、大蔵省の正面玄関を入り、廊下を進んだ裏側の棟にあった。水原委員長との最初の面談は挨拶も兼ねていたので、あまり突っ込んだ話はしなかったが、筆者は水原委員長に次のように要望した。

「ＳＥＳＣの立場はよく理解しているつもりです。ＳＥＳＣが厳しい姿勢で市場監視をされるのは当然ですが、証団協の原点は、証券市場の健全な発展にあるということだけは心に留めておいていただければと思います」

それまでの大蔵省の検査官には、強権をバックした高圧的な対応が少なくなかった。時には、机を叩いて怒鳴るようなこともあった。水原委員長は何も言わなかったが、うなずいてくれたように思われた。

その後のＳＥＳＣは、日夜インサイダー取引の追跡に尽力し、違反事案をよく摘発している。数多くの違反者を地方検察庁に告発したりして、証券市場の健全な発展に貢献している。

現地で感じたジャパンバッシングの凄まじさ

バブルに踊り、舞い上がっていた日本は、米国債などの金融資産の他にも、商業用不動産、ゴルフ場を買い占め、さらには大型企業買収もどんどん行っていた。世界中でジャパンマネーが猛威を振るっていたのだ。

１９８７（昭和62）年、安田火災海上保険（現損保ジャパン）がロンドンで、ゴッホの名画『ひまわり』を53億円で落札し世界を驚かせている。

１９９０（平成２）年には、三菱地所がニューヨークのロックフェラーセンターを２２００

億円という高額で買収した。ロックフェラーセンターといえば、ニューヨークの五番街と六番街にある世界恐慌後の1939年に完成した複合ビルで、米国を象徴する建築物である。クリスマスシーズンになると、アイダホから巨大な樅(もみ)の木を運んできて、クリスマスツリーが立てられる。その下のアイススケートリンクでスケートを楽しむ人たちの光景が、毎年全米のテレビに映し出された。

筆者も、ニューヨーク駐在の際には、そんな「冬の風物詩」を楽しんだ一人である。日本人の中には、ロックフェラーセンターの買収について「米国に、戦争では負けたが、経済では勝った」などと誇らしげに言う人たちもいた。しかし現地では、「米国の魂がジャパンマネーによって買い取られた」と国民の怒りを買っていた。

この買収劇の数年前、日本航空が、セントラルパークに隣接する高級ホテル「エセックスハウス」を1億7500万ドル（当時の為替レートで約200億円）で買収している。筆者が、ニューヨークでそのホテルのオーナーに会ったときに「なぜ、ホテルを売却したのか？」と聞いたら、彼は「NOと言えないほどの金額を提示されたからさ」と、複雑な表情で答えた。

ジャパンマネーは、米国の虎の尾を踏んでしまったのだ。その結果、米国でジャパンバッシングが起こった。

最近も、新型コロナ禍の中で、米国でのアジア系住民に対する暴力行為がテレビ等で放映されたことは記憶に新しいが、当時もそのようなヘイト行為がニューヨークの市街で見られた。車の都・デトロイトでは、アジア系住民が日本人と間違われて殺されたこともあった。

ニューヨークでは、その矛先は、わが国を代表する2社に向けられた。家電業界の代表的企業・東芝と証券界の雄・野村証券である。

とくに、米国東芝の石坂信雄（のぶお）社長はつらい日々を送っていた。石坂社長が、米国下院に呼び出されていたことを思い出す。米国下院の反日派議員が、議会前で東芝製のラジカセをハンマーで叩き割るというシーンも、テレビに映し出された。

野村証券に対しても、その攻撃は凄まじかった。米国野村の内部情報が米国当局に筒抜けになっていて、市場監視機関であるＳＥＣが、米国野村の退職者から事情聴取しているとの噂も流れたほどである。

当局が問題にしたのは、米国野村のコンプライアンス違反だ。米国株を日本の投資家に販売する場合の販売価格は、米国市場における当該日の終値が基準となっていた。しかし、それを守っていては、日本の投資家に米国株を販売できなくなる恐れがあるのだが、その違反を追及されたのだ。また、女性秘書の募集に際して提示していた年齢制限を問題視されたり、従業員の米国女性へのセクハラ問題などの責任を問われたりした。

当時、米国東芝の石坂社長が、米国野村の高梨勝也（たかなしかつや）社長に「米国政府は、こんなことを聞いてくる。こんな手段を用いてくる」などのアドバイスをくれたという。高梨は、それらのアドバイスに基づいて有能な弁護士を雇って対応した。

その弁護士のアドバイスで、米国議会の有名ロビーストを雇ったりもしたという。米国では、日本では想像できないほどのロビーストが暗躍しており、日本企業の経営者に、「50万円くれればこんなことをしてやる。100万円くれればこうしてやる」などと持ち掛けてきていた。高梨はその対応にも「いやー、大変だよ」とぼやいていたものだ。

しかし最終的には、高梨の奮闘により、米国野村はこのジャパンバッシングをどうにか乗り越えることに成功した。

米英による「BIS規制」が日本金融界の勢いを止めた

1980年代のバブル期に、日本の金融機関は膨張を続けた。バブル直前の80（昭和55）年、銀行の規模を示す資産額の世界ランキングで、日本の銀行は10位以内に1行も入っていなかったが、5年後には三菱、富士、住友、第一勧銀、三和の5行がベスト10に名を連ねた。さらに、バブルのピークだった1989（平成元）年には、上位10行のうち7行が日本の銀行で占められた。欧米における邦銀の業務シェアも拡大していった。

とくに目をみはったのは、地方銀行のニューヨーク進出だった。

1979（昭和54）年の横浜銀行を皮切りに、北陸銀行、百十四銀行が第1陣として支店や駐在員事務所を開設。1986（昭和61）年には、スルガ銀行も支店をオープンした。その他、八十二銀行、京都銀行、泉州銀行、群馬銀行、静岡銀行、第四銀行、東京都民銀行と、矢継ぎ早に支店や営業所を開設していく。89年には、米国に進出した地銀の総数は、70行近くに及んだ。

ニューヨークで地銀の支店や事務所がオープンすると、日本からトップが出張してきて盛大なパーティーを開催する。当時、米国大和証券社長だった筆者にも、頻繁に招待状が届いたものだ。

こうした状況は、欧米の銀行にとっては脅威以外の何物でもなかっただろう。このままいけば米国は、経済的に日本に逆転されてしまうのではないか——。そんな「日本脅威論」さえ囁かれはじめていた。日本の勢いをどうしたら止められるか、欧米の銀行は真剣に考えるようになったのだ。とくに脅威を感じていたのが、国際金融の中心的存在だった米国と英国の金融機関だった。

そのニュースは、1987（昭和62）年1月に大蔵省に飛び込んできた。「米英が銀行監督の新しい手法として、銀行の自己資本比率規制を導入することで合意した」というのだ。

さかのぼること1か月ほど前、ニューヨーク連邦準備銀行総裁ジェラルド・コリガンと、日本の大蔵省の行天豊雄財務官が会談していた。ニューヨーク連銀は、日本の金融界にも影響力を持つ。非公式の意見交換ではあったが、金融機関の「自己資本比率」の問題もテーマの一つだったといわれている。

自己資本比率とは、資本金や資本準備金、それに剰余金を加えた自己資本と貸し出しなどの総資産の割合を示す数値で、この自己資本比率が高いほどリスク対応力が高い健全な銀行だという理屈だった。金融システムの安全性維持の観点から見れば、銀行の自己資本強化は理解できる。

しかし、実際の狙いは別にあった。実際には、勢力を拡大しつつあった日本の銀行への対抗策だったのだ。

日本の銀行が勢力を拡大できたのは「信用創造」という仕組みによるところが大きい。たとえば1億円を貸し付け、その1億円を当面預金にしておくことで、またさらに貸し付けを増やす、というやり方だ。こうすれば、銀行は最初の預金額以上の貸し付けが可能になる。

当時の日本の銀行の自己資本比率は、2％ほどしかなかった。この自己資本比率を規制すれば、日本の銀行に打撃を与えられるのではないかと、米英の金融当局は考えたのだ。

とくに米国のジャパンバッシングは強烈で、87年4月27日に、コリガンはその動向を行天財務官に伝えていた。その中には、「日本の銀行のこれ以上の業容拡大の禁止」を含んだ邦銀活動に枠をはめるための法案が、米国議会に提出される動きがあることも含まれていた。

また、米国では、当時のＦＲＢ（連邦準備制度理事会）議長のポール・ボルカーが議会証言で次のように述べている。

「自己資本比率規制の国際統一に関する合意は、とくに日本の銀行との競争により不利な立場にある、多くの米銀の懸念を和らげるものになろう。しかし専門家の多くは、この規制はゆるく、日本の銀行の価格競争力は米国の銀行を上回るものになっていると主張している」

この弁は、まさに自己資本規制の導入は、日本を標的にしていることを示唆していた。

しかし、残念なことにわが国の受け止め方は甘かった。この頃すでに、自己資本規制問題は、スイスのバーゼルに本部のあるＢＩＳ（国際決済銀行）でも検討が始められていた。ＢＩＳは、第一次世界大戦で敗戦したドイツの賠償金を決済する目的で１９３０（昭和５）年に設立された国際機関だが、80年代に入ると「国際的な金融監督当局の調整機関」という色彩が強くなる。また同時に、中央銀行関係者のクラブのような役割も果たしていた。

１９８８（昭和63）年7月、ＢＩＳは、国際的に活動する銀行には自己資本比率が８％以上であることを求める規制に合意した。

これが、日本の銀行にとって大きな足かせとなる。この目標を達成できなければ、国際金融マーケットから撤退せざるを得ないことを意味していたからだ。

８％という数値が決定事項であれば、次は「保有する株式の含み益を、自己資本としてどれだけ算入できるか」を争うしかない。しかし、当然ながらこの問題に対する米英の対応は厳しかった。わが国は「少なくとも70％の算入」を主張したが、米英は当初、「まったく認めない」

という立場だった。

この含み益問題は、結局は、45%の算入で決着することになる。これは、１９８７年後半に米英当局との交渉を担った、大蔵省の千野忠男(ちのただお)銀行局審議官の尽力によるところが大きい。千野は「株式の含み益45%算入」を認めさせた功労者といわれた。

ＢＩＳ規制の最終的合意内容は次のとおりだ。

(1)株式など有価証券の含み益は45%まで算入を認める

(2)自己資本比率は、５年の経過措置を設け、３年で７・２５％、５年で８％を目標とする

このＢＩＳ規制が、後々日本の金融機関の死命を制することになる。しかし、このときはまだ、誰もその重大さに気づいていなかった。

ＢＩＳ規制が公表されると、金融機関はこの自己資本規制をクリアするために相次いで増資を行った。同時に株価も上昇していった。証券業界でも、野村証券が５０００億円近い利益を上げ、株価も６０００円近くまで上昇。東証1部上場会社の時価総額が５００兆円を超え、世界一になった。

株式の含み益も増加し、その45%を組み込むことで、１９８８年の年度末の主要邦銀の自己資本比率は、平均で11%を上回った。日本の銀行は、ＢＩＳ規制の危機を乗り越えたと意気軒昂(いきけんこう)だったのを思い出す。

確かに日本中が浮かれていた。しかし、それは長くは続かないということに早く気づくべき

だった。

日本の株価は、1989（平成元）年12月29日の日経平均株価3万8915円がピークで下降に転じる。1990年代に入ると株の含み益がなくなり、自己資本比率8％を割り込むケースが続出。結果、邦銀は貸し出しを減らさざるをえなくなり、金融システムの不安定さと経済への悪影響を増幅させ、90年代後半には多くの銀行を併合、倒産へと追いやる結果となった。

リクルート事件はなぜ問題視されたのか

日本の株価がそのピークに上り詰める約1年前、戦後最大の企業犯罪といわれた「リクルート事件」が発覚した。それはひと言で言うと、未公開株をめぐる贈賄（ぞうわい）事件だった。情報化時代の寵児（ちょうじ）といわれたリクルートの創始者・江副浩正（えぞえひろまさ）が、関連会社リクルートコスモスの未公開株を、政・官・財界の要人に賄賂（わいろ）として譲渡していたのだ。

1988（昭和63）年6月18日、朝日新聞横浜支局によって「川崎市助役へ1億円利益供与疑惑」というスクープ記事が世に出た。

JR川崎駅西口の再開発事業である「かわさきテクノピア地区」は、本来容積率が500％だった。川崎市から誘致を受けたリクルートがそこにビルを建てるにあたって、採算を合わせるために高層建築を可能にしたかったが、そのためには容積率を800％に引き上げる必要がある。そこで、川崎市助役への賄賂として、リクルートコスモスの未公開株が割り当てられたという。この助役は、後に株を売却して約1億円の利益を得ている。

その後、事件は川崎駅西口にとどまらず、政・官・財界を揺るがすことになる。未公開株の譲渡を受けた人物が大物ぞろいだったのだ。

1989年2月15日、東京地裁でリクルート事件政界ルートの初公判が開かれる。写真はリクルート社前会長の江副浩正被告らが出廷するところ（写真提供：共同通信社）

当時総理大臣だった竹下登、大蔵大臣・宮澤喜一、元官房長官・藤波孝生、自民党幹事長・安倍晋太郎、派閥の領袖・渡辺美智雄などの名が並び、さらに野党である民社党の塚本三郎委員長の名もあった。それら90人を超える大物政治家だけでなく、官界、財界の大物も含まれていた。捜査の行方は連日のように報道された。

驚いたのは「現金受け渡しの瞬間」まで報道されたことだ。リクルート事件を国会で追及していた〝国会の爆弾男〟こと衆議院議員・楢崎弥之助（社民連）を口止めしようとして、リクルートの社員が現金入りの紙袋を手渡そうとする様子がテレビに映し出された。これは楢崎が「おとり」になって日本テレビに隠し撮りさせたものだったのだが、この場面は全国放送され、のちに自民党一党支配崩壊の契機となった。

結局、1988年末、宮澤喜一大蔵大臣は辞任に追い込まれる。捜査当局は翌89年2月に江副浩正を逮捕。さらにはNTTの初代会長・真藤恒（しんとうひさし）など財界の大物や文部事務次官らも、次々と逮捕された。

同年4月には、捜査の手はついに竹下総理にも及んだ。リクリートから1億5000万円の資金提供を受けていたことが明らかになったのだ。当時、竹下の秘書を30年間務め〝竹下の影法師〟〝竹下の金庫番〟と呼ばれた青木伊平（いへい）が竹下をかばって自殺し、世間を驚かせた。

その約1か月後、竹下内閣は総辞職に追い込まれ、発足から1年半という短期間で幕を閉じることになる。

このリクルート事件だが、当時の証券業界からの見方は、世間のそれとは少し違っていたように思う。未公開株の譲渡そのものはそれまでにも頻繁に行われていて、それが問題になることはほとんどなかったのだ。

未公開株を手に入れれば、公開後に必ず値上がりし確実に儲かるかといえば、そうではない。公開後に株価が下落することもあり、損をする場合もある。必ずしも贈賄とは見られなかったのだ。実際に、リクルートコスモス株を譲渡された人の中には売却損を出した人もいた。当時の大和証券の千野宜時会長も、江副社長に「あまり気にしなくても大丈夫ですよ」などと話していたという。

　では、いったいなぜ、リクルートコスモスのケースだけがこれほど騒がれたのだろうか。それには三つの理由がある。

　一つ目は、時代背景だ。当時のわが国は、バブルを謳歌し、株式市場も沸いていた。１９８７年にはＮＴＴ株の新規公開があり、多くの株長者が生まれた。証券業界でも、野村証券の営業利益が５０００億円を超えたと騒がれた。筆者も大和証券の社長室長として、１回のボーナスで９００万円もらったことを思い出す。

　こうした景気のいいニュースがあふれる一方で、そのような恩恵にあずかれなかった人たちもたくさんいた。そんな人たちの不満が鬱積し、格差問題が世の中に渦巻いていた。バブルという時代には、日なただけでなく影もあったのだ。

　二つ目は、譲渡先の問題である。リクルート以前の未公開株の譲渡先は、それまでお世話になった人たちや、証券会社から割り当てられた投資家などがほとんどだった。それがリクルートの場合は、政治家や官僚など、明らかに何らかの見返りを求めての譲渡と見られても仕方のないものばかりだった。

　リクルートのビジネスに関連する許認可権を持つ高級官僚、例えば労働省の事務次官への譲渡は、明らかに賄賂性があると認定された。確かに、利害関係のある官僚はこのような株取引をすることを禁止されている。

三つ目は、朝日新聞の執拗（しつよう）な追跡だ。前述したように、発覚の発端は朝日新聞のスクープ記事で、その後、朝日はしつこくこの事件を追った。それが世間の耳目を集めるようになり、東京地検特捜部もとうとう無視できなくなったというわけだ。

いずれにせよ、リクルート事件は多くの逮捕者を出し、国民に強い政治不信を植え付けた。その結果、1989年7月の参議院選挙で自民党が大敗し、社会党が大勝。土井たか子党委員長に「山が動いた」と言わしめた。事件の裁判は2000年代まで続き、最終的に江副会長を含む贈賄側4人、収賄側8人、計12人の有罪が確定した。

なお、社長の江副は2013年、経営していた岩手県のスキー場からの帰路、上野駅で倒れ、76歳で人生の幕を閉じている。

三度目の正直で導入された消費税

昭和最後、そして平成最初の内閣総理大臣であり、リクルート事件で辞職した竹下登の信念は「一内閣、一仕事」だった。竹下の「一仕事」は、1989（平成元）年4月の消費税導入だろう。竹下でなければ、消費税は日の目を見なかったといわれている。事実、消費税は竹下が挑戦するまでにすでに二度、死んでいる。

一度目は、1979（昭和54）年、第二次大平正芳内閣のときに「一般消費税」として導入が検討されたが、同年10月の総選挙の最中に国民の大反対にあい、断念。

二度目は、中曽根康弘政権の末期、1987（昭和62）年に「売上税法案」を提出したが、またも国民の大反対にあい、審議さえされずに3か月余りで廃案になった。それでも竹下は果敢に挑戦し、成し遂げたのだ。竹下は、増税のように国民が歓迎しない案件でもやるべきことはやる、というスタンスを貫いた政治家だった。

当時の日本は、すでに少子高齢化が進行していた。税制も、所得税中心ではいずれ限界を迎え、高齢者を含めて広く国民全体で負担する消費税（大型消費税）の導入が避けて通れない道であることは、早くから認識されていた。しかし、国民に負担を強いる新税制の導入は、政治家としては「タブー命題」だったのだ。

その消費税の導入に成功したのが竹下内閣だが、それを陰で支えたのが大蔵官僚の尾崎護主税局長、薄井信明主税局税制第二課長、証券局長や主税局長も務めた小川是総理秘書官だった。その裏では、野村証券の田淵節也会長が竹下総理との親密な関係から、さまざまな面で支援したという。北欧など消費税先進諸国の現状なども調査報告したといわれた。

その結果、竹下は消費税の導入にあたって「六つの懸念」を示し、一つひとつ解消していく考えを表明した。

六つの懸念とは以下のとおりだ。

（1）逆進的な税体系となり、所得再配分機能を弱めるのではないか
（2）中堅所得者の税の不公平感を生むのではないか
（3）所得税がかからない人たちに過重な負担を強いるのではないか
（4）税率の引き上げが容易になされるのではないか
（5）事業者の事務負担が重くなるのではないか
（6）物価を引き上げ、インフレが避けられないのではないか

この「六つの懸念」は、小川秘書官の発案だったとされる。これらの諸問題について竹下は、一つひとつ丁寧に説明していき、国民の理解も少しずつ深まっていった。

こうして1989年4月1日、消費税は導入された。導入にあたって、さまざまな事務処理がスムーズにいくか心配だった尾崎主税局長は、3月31日の夜、六本木のコンビニに行って午前0時を回ったところで買い物をし、レシートに3％の消費税分の金額が記されていることを確認して安堵（あんど）したという。

4月1日には、竹下総理も現場視察として日本橋三越本店を夫人とともに訪れ、1万5000円のネクタイを購入。その様子は、テレビで放映された。

竹下は、大平元総理の墓前で「大平さんの執念が乗り移ったんだよ」と言って、手を合わせたとされる。

消費税の導入に関わった尾崎護、小川是、薄井信明は3人とも、主税局長から国税庁長官をへて事務次官に昇格するという同じ道をたどった。大蔵省（財務省）では、通常、次官への登竜門は主計局長である。しかし、3人共に主税局長を経て事務次官に昇格したのだ。

尾崎には〝三冠王〟という勲章を持って大蔵省に入省してきた角谷正彦（かどたにまさひこ）という同期の強力なライバルがいた。三冠王とは、東大法学部首席、国家公務員上級試験一番、司法試験一番という大蔵官僚の中でもエリート中のエリートである。小川にも藤井威（たけし）という東大法学部首席、公務員試験一番という二冠王のライバルがいた。こうしたライバルを尻目に、彼らは消費税導入をはじめとした実績を評価され、大蔵次官に上り詰めたのだ。

その後、主役の竹下は、前述したとおりリクルート事件で批判を浴び、「後世の歴史家がきっと評価してくれる」と言い残して辞任した。１９９９（平成11）年４月、好きな麻雀の牌（パイ）が積めなくなったとして入院し、退院することなく、翌年６月に76歳でこの世を去っている。

バブルを見抜けなかった日銀総裁の後悔

世界の経済史を見ると、バブルはあらゆる国で、幾度となく発生している。よく知られているのは1630年代にオランダで起きた「チューリップバブル」で、チューリップの球根一つが家一軒と同じ価格で取引されたという。

それに匹敵するようなバブルが、1980年代の後半の日本でも起きたのだ。それは世界史的に見ても未曽有の規模であったし、1990年代以降の日本経済の長期低迷とも深く関わっている。

1980年代後半のバブルは、株価と地価の急上昇という形で顕在化した。株価は、理論的には、将来にかけて予想される収益を反映して決まる。1950（昭和25）年から昭和末期までを振り返ってみると、高度成長期から1980年代前半までは、日経平均株価の動きは名目GDPの動きとほぼ連動していた。

ところが、1985（昭和60）年から始まるバブル期には、株価は名目GDPの伸びを大きく上回って急騰している。1989（平成元）年12月29日の大納会で、日経平均は3万8915円を付けるが、これもさらなる上昇の通過点としか国民の目には映らなかった。当時、大和証券の営業担当副社長が「日経平均は7万円になるだろう」と言っていたのを思い出す。

バブルは、弾けるまでは、それがバブルであるということに誰も気づかない。それは日銀も同じだった。1986年2月の日本記者クラブで、当時の澄田智日銀総裁が、「地価上昇については、金融緩和が一つの要因であることは決して否定できず、私どもとしても注目していかなければならないと考えている」と述べている。

実際に、当時の日銀政策委員会で、「マネーサプライの動向等金融緩和に伴う諸般の動きについては、引き続き十分注意して見守っていく方針である」（1987年2月20日）と、過熱感を警戒する姿勢を示していた。

しかし結果的に、日銀は有効な手を打てなかった。外部要因として、円高・ドル安に歯止めをかけるため、プラザ合意からの金融緩和を継続していたことも考えられる。さらに、1987年10月19日の「ブラックマンデー」が、日銀の金融引き締めを遅らせる結果になったことも理解できる。

それでも、株価や地価などの急騰や市場に出回るお金の量を反映するマネーストックの大幅上昇など、当時の状況を総合的に判断すると、1988年の前半頃には、金融政策の引き締めに転ずる必要があったのではなかろうか。だが実際に、日銀が金融引き締めに舵（かじ）を切ったのは、1989年の平成時代に入ってからだった。

第26代日本銀行総裁を務めた三重野康。金利の利上げを模索したが果たせなかった

1989年5月下旬、日銀で金融政策を担当する局長に、将来の総裁候補といわれていたエース・福井俊彦（としひこ）（2003～08年に日銀総裁を務める）が就任した。福井は大蔵省を説得し、5月30日に公定歩合を0・75％引き上げることが決まった。2・5％から3・25％になったのだが、これは9年2か月ぶりの引き上げである。さらに、10月に0・

5%、12月に0・5%と矢継ぎ早の引き締めを行った。しかし、あまりにも遅すぎた政策転換であった。

1984年に日銀副総裁になり、1989~94年とバブル期に日銀総裁を務めた三重野康(みえのやすし)は、総裁退任後の後述回顧録の中で、こんなことを述べている。

「もっと早く超緩和を直したいという気持ちだったが、遅すぎた。(中略)結局、バブルを許したと後世で批判されたわけですね。その時の政策当局者としては、一生懸命やったけどだめだったということですけど、政策はやはり結果ですから。(中略)やっぱり金融政策としては悔いが残る。実際、残りました」

1987年のブラックマンデーの影響もあり、金融緩和の見直しが難しい状況にあったことは理解できるとしても、金融もバブルの片棒を担いだことを認めた形だ。そして、この昭和末期の金融引き締めの遅れが、平成時代に大きな影を落とすことになる。

第2章

バブル崩壊、その陰で何が起きていたか

昭和天皇危篤のたびに急騰した株銘柄

1989年1月7日、ついにXデーがやってきた。かねてから療養中だった昭和天皇が、87年の生涯を閉じられたのだ。

前年の9月19日に吐血して以来、自粛ムードが日本を覆っていた。その一方、証券取引所の立会場(たちあいじょう)では、売買が殺到し混乱する場面が何度か見られた。「陛下の下血止まらず」「陛下また200cc輸血」などの見出しが新聞紙上に躍ると、そのたびに、紙、インキ、印刷などの〝元号関連株〟が急騰したのだ。立会場が混乱すると笛が鳴り、取引が一時中断される。東証ではこの「笛吹き」が、天皇吐血からXデーまでに13回も行われた。

こうして昭和が終わり、平成は1989年1月8日から始まった。この年は、世界的に見ても「節目の年」であった。2月にソビエト連邦がアフガニスタンから撤退し、6月4日には中国で天安門事件が勃発している。ベルリンの壁の崩壊もこの年だった。その後、12月3日には、ソ連のゴルバチョフ書記長が、米ブッシュ(父)大統領と地中海のマルタ島で会談し、44年続いた東西冷戦の終結を宣言する。

1989年は日本の政治も大きく揺らいだ年だった。消費税導入、リクルート事件もこの年の出来事だ。リクルート事件で辞職した竹下登(たけしたのぼる)の後を継いだ宇野宗佑(うのそうすけ)総理も、消費税導入・女性問題・農産物の輸入自由化の3点セットで短命に終わった。

こうした事件が、昭和という時代の終焉と共に起こっているのは大変興味深い。この1年間の出来事には、それから30年に及ぶ平成史が兆候的に集約されているようにも思われる。

平成元年は、アナログからデジタルへの移行の年でもあった。この流れにいち早く舵を切ったのがソフトバンクの孫正義社長だ。この頃、孫はあるパーティーのスピーチで、こんな発言をしている。

「インターネット関連の産業は、将来、自動車産業と同じ規模になるだろう」

これを聞いたときには、すごい若手経営者が現れたと思ったものだ。当時、自動車産業は20兆円を超える巨大産業だった。孫は、目の前よりもずっと先の未来を見ていたのだ。

経済界では、松下電器産業（現パナソニック）の創業者で「経営の神様」といわれ、戦後復興の象徴的存在であった松下幸之助が4月に死去している。このことも一つの時代の終焉を感じさせる。

平成に入っても、株価と土地の高騰はまだ続いていた。前述したとおり、日経平均は1989年の末に3万8915円まで上がり続ける。だが、1990（平成2）年も堅調に始まるだろうとの大方の予想に反して、株価は下落に転じた。

1月4日の大発会では、いきなり202円の急落を記録。その後、4か月で下落幅は1万円、率にして28％を超える。翌年以降もその傾向は続き、95年には1万5000円割れ。2000年代に入ると、1万円をも下回ることになる。

一方、日銀は、公定歩合を引き続き上げていった。1989年5月に2・5％から0・75％引き上げて3・25％にすると、10月に0・5％、12月に0・5％、90年3月に1％と引き上げ続けた。そして8月の0・75％引き上げで、ついに6％に達した。これにより株式バブルは終止符を打ったが、地価の上昇はその後も続いた。

このようにして幕を開けた平成時代は、「戦争のない平和な時代」ではあったが、日本経済にとっては「没落の時代」であり、証券界にとっては想像すらできない深刻な事態が数多起きた時代だった。

MOF担として「大和総研」設立を担う

1989年のある日、筆者は大和証券の土井定包社長に呼び出された。

「今度、大和証券経済研究所と大和コンピューターサービス、大和システムサービスを統合して、野村証券の野村総合研究所のような会社をつくるので、準備をするように」

との指示だった。

すでに確固たる実績を上げていた野村総合研究所に、追いつけ追い越せという趣旨だったのだろう。このような案件には大蔵省が絡むので、ＭＯＦ担でもあった筆者に下命したのだと思いながら、さっそく準備にとりかかった。

決めなければいけないことは山ほどあった。新会社の社名もその一つである。社名は単純に「大和総研」がよいだろうと考えていたが、当時、大和銀行（りそな銀行と埼玉りそな銀行の前身）の子会社に「大和銀総合研究所」があった。紛らわしい、と後で言われないように策を練った。

まず、大和銀行の了承を得るのが礼儀と考え、担当役員に会い「新会社の社名は『大和総合研究所』にしたい」と打診した。大和銀行側の反応は、やはり「大和銀総合研究所と一字違いでまぎらわしいですね」とのことだった。「それでは検討し直します」との言葉を残して、その日は帰社した。後日、再検討案として、当初考えていた「大和総研」を提案したら、すんなり了承がとれた。

次は、英文名をどうするか。候補は二つだった。「Daiwa Research Institute」と「Daiwa Institute of Research」である。結局、後者を選択した。理由は、前者だと略称が「ＤＲＩ（ドリ）」となり、それより後者の「ＤＩＲ（ディア）」のほうが語呂がよいと思ったからだった。しかし、今考えてみると、野村総合研究所が「ＮＲＩ」で、三菱総合研究所も「ＭＲＩ」なので、「ＤＲＩ」のほうがよかったのではないかと後悔している。

その後、筆者自身が、大和総研の顧問に就任するなどとは夢にも思わなかった。運命というものはわからないものだ。

大和証券社長の突然の辞任と意外な後任人事

平成は、証券会社にとっても波乱の時代で、世間がざわつくような社長交代劇も何度か起きている。

筆者のいた大和証券でも、こんなことがあった。

大和証券の社長交代は、6月の定時株主総会後の取締役会で行われるのが通例だったが、1989年の社長交代は異例だった。その年は、名古屋地裁で争われていたある裁判で、関係者の一人として当時の社長・土井定包の名前が出るかもしれないとの情報がもたらされ、土井はこれを嫌って、急遽（きゅうきょ）10月に退任することになった。

後任の社長は、大方の予想は奥本英一朗（えいいちろう）副社長の昇格ということで一致していた。私は当時、社長室長として土井社長に仕えていたので、秘密情報を知る機会が多かった。

同年8月の某日、土井社長に呼ばれて社長室に行くと、机の上にA3サイズの文書が広げて置かれていた。それは、著者が設立準備に奔走していた「大和総研」の組織図で、なんとその社長の欄に「奥本英一朗」という名前が印刷されていたのだ。奥本の次のポストは、大和証券社長ではなかったのか。筆者はそれを見て驚くと同時に、どうしてこのような極秘の人事を、筆者の見えるところに置いておくのだろうと不思議にも思った。

結局、大和証券の社長には、国際畑の同前雅弘副社長が昇格した。誰もが予想していなかった意外な人事だった。

数日後のある日、土井社長が独り言のように筆者につぶやいた。

「後任社長は奥本にしようと考えていたが、千野（宜時）会長が首を縦に振らなかったんだよ」

土井は、そのような人事に関する裏話を簡単に口にする人物ではない。そのつぶやきの真の理由は、今となっては永遠に没してしまったのだが、筆者なりに解釈すると、筆者から奥本副社長に、

「土井社長は、本当はあなたを後継にしようと考えていたのですよ」

と伝えてほしかったのではないだろうか。奥本は、実力者として社内でも認められた存在だ。その奥本を敵に回すことなく、事を納めたいという配慮だったのではないか。

奥本は、筆者が証券引受部に新人で入ったときの課長代理で、席も斜向かいだった。古い付き合いなのだ。後日、奥本と会ったときに、土井の言葉をさりげなく伝えることができた。

土地バブルを崩壊させた1990年の「総量規制」

日本のバブルには、株の高騰と土地の高騰という二つの要素がある。証券会社の損失補塡や

飛ばしなどの不祥事、それらが発覚したことによる首脳陣の辞任劇は、主に株バブルが崩壊したことが直接的な原因だ。ここでもう一方の、土地バブルについて見ておこう。

バブル最盛期の地価の上昇は異常のひと言だった。東京の商業地の地価は、1986（昭和61）年と1987年には、それぞれ対前年比75％、37％の上昇と、今では考えられない、いわばパニック状態だった。前述したように、日本一の地価といわれた東京の銀座5丁目の鳩居堂の地価が1坪1億5000万円になったと報じられたのもこの頃である。

株価のピークは1989（平成元）年末で、1990年に入ると株式バブルは収束したが、地価の上昇はその後も止まらなかった。

金融機関の不動産融資の残高は、89年の1年間で前年比30％も増加していた。その背景には、不動産業者のみならず、一般事業会社もこぞって不動産投資に血道を上げたという事情がある。また、同時に、ゴルフ場の会員券の価格も暴騰し、大和証券が大株主の茨城県にある筑波カントリーの会員権の価格が1億5000万円になったりした（バブルが弾けた後は100万円程度まで下落した）。

大和証券の子会社で、ゴルフ会員権の仲介業をしていた大和サンコーという会社があったが、そこの部長が「小金井カントリーの会員券に、4億2000万円の価格が付いた」と言って驚いていたのを思い出す。

これが異常な状態であることは、誰もが気づいていた。マスコミはじめ世論も、一斉に銀行局に対し、不動産向け融資を規制すべしとの批判の声をあげた。そのような状況下で、大蔵省銀行局長・土田正顕（つちだまさあき）は頭を悩ませていた。銀行の不動産業向け融資は伸びが止まらない。89年12月に土地基本法が成立し投機的な土地取引の抑制が図られ、その第10条では「必要な法制上、財政上及び金融上の措置を講じなければならない」と規定された。

とくに問題となったのは、バブル期には年平均20％近い伸びを続けた不動産向けの銀行融資である。しかし、土田銀行局長は、当初は総量規制に反対の立場をとっていた。「自由化を推し進める傍らで、個別の融資について規制するのは筋が通らない」という考え方だった。

その土田局長を動かしたのが、世論の突き上げを受けていた海部俊樹（かいふとしき）総理である。海部は、１９８９年８月の内閣発足直後から地価対策を最重点施策に掲げていた。海部は、大蔵大臣の橋本龍太郎に検討を指示。橋本大臣も、大阪圏の50％を超える地価上昇もあり、総量規制の決断を土田局長に迫った。

結果、１９９０年3月27日に総量規制が「土田局長通達」として発出される。

その内容は、行き過ぎた不動産価格の高騰を沈静化させるために、金融機関の土地取引に対する融資の伸び率を抑えようとするもので、①不動産向け融資の伸び率を総融資の伸び率以下に抑えること、②不動産業、建設業、ノンバンクに対する融資の実態調査を実施するというものだった。この通達は、劇薬のような効果を発揮した。日銀の引き締め策とも相まって、土地バブルも崩壊の道をたどることになる。

総量規制が報じられた当初は、メディアからは「遅すぎる」「効果は疑問」などと酷評されたが、実際は強烈な効果を発揮し、逆回転した歯車は、予想以上のスピードで回りはじめた。日銀の一気呵成（いっきかせい）の引締策とも相まって、あらゆる資産価値が雪崩（なだれ）を打ったように下落していき、土地バブルは崩壊した。

総量規制の抜け道が「住専問題」を引き起こした

しかし、この総量規制には抜け道があった。住専（じゅうせん）（住宅金融専門会社）と農協系金融機関（農水省所管）を行政指導の対象外としたため、これら機関による迂回（うかい）融資が激増して、融資残高は巨大化した。後に、その多くは不良債権化し、住専の経営悪化へとつながる。総量規制は銀行法に基づく行政指導であり、翌1991年の12月20日まで、1年9か月間続いた。

住専が大量に引き受けた不動産向け融資は、その後、地価が下落に転じると住専への返済が滞（とどこお）ると同時に、資金提供元の大銀行からの返済要求も強まって、住専は進退窮まった。

住専は、個人向け住宅資金を供給するために、1970年代に生まれたノンバンクである。その後、銀行自身が住宅ローン事業に参入したため、不動産関連の法人向け融資に一段と積極的にのめり込んでいった。その積極性があだとなり、バブルが弾けてから大きな問題となった。

大蔵省が1991年に行った調査によると、住専の貸付金の約4割が不良債権化していたことがわかったのだ。

西川善文（よしふみ）（元三井住友銀行頭取）の著書『ザ・ラストバンカー　西川善文回顧録』には、この間の事情が的確に描写されているので引用したい。

「住専（住宅金融専門会社）は、一九七〇年代に住宅ローン需要が伸び続ける一方で、銀行は融資の審査が厳しく個人向けローンのノウハウがなかったことに対応した大蔵省の強い主導で設立されたノンバンクだ。民間銀行は出資を求められ、一九七一（昭和四六）年から七九（昭和五四）年までに八つの住専が設立された。住専各社は当初こそ個人向け住宅ローンを扱っていたが、バブル時代になって銀行が個人向け住宅ローンに進出してきたため、新たにニーズが強かった法人向け不動産担保融資にのめり込んでいった。

これらが大量に焦げ付き、一九九五（平成七）年八月に行われた大蔵省の調査で、住専の不良債権額は後述する農林系一社を除き、全体で六兆四〇〇〇億円にのぼるとされた。融資された額が突出して多い末野興産の末野謙一氏、桃源社の佐々木吉之助氏といった『住専借金王』たちがマスコミで話題になった」

住専は、都市銀行、信託銀行、地方銀行、生命保険会社、農林中央金庫などが出資母体となっていた。預金受け入れができないために、銀行借り入れや住宅抵当証券の発行などによって資金調達を行っており、貸出金利が割高となった。そのため融資審査が甘く、不動産向け融資に急傾斜したのだ。

1990年代初めのバブル崩壊後の地価下落と共に、不良債権が増大、回収不能の不良債権が住専全体で6兆4000億円にものぼり、1995年には、8社中7社が行き詰まった。結局、住専の不良資産は国策として、国民の血税で補塡され幕を閉じた。

住専問題で苦労した土田銀行局長は、その後、国税庁長官になり、退官後は、東証理事長に就任したが、銀行局長時代のあまりにも大きなストレスが災いしてか、60代半ばという若さで急逝している。

「損失補塡問題」の裏で甘い汁を吸っていた大企業

1991（平成3）年、証券界に衝撃が走った。損失補塡問題が明るみに出たのだ。野村証券・田淵節也（たぶちせつや）、大和証券・同前雅弘、日興証券・岩崎琢弥（たくや）、山一証券・行平次雄（ゆきひらつぎお）など、大手4社の会長、社長が次々と国会に呼び出され、証人喚問の模様はテレビに映し出された。

損失補塡問題とは、どのようなものだったのだろうか。

当時、証券会社には、企業から預かっていた「特定金銭信託」、いわゆる「営業特金」という口座があった。通常の「金銭信託」では、顧客（企業）が信託財産の運用を指示するが、「営業特金」では、企業は資金を出すだけで、運用はすべて証券会社に任せきりにしていた。

とくに問題になったのは、この営業特金には、「にぎり」といって実質的な「利回り保証」がついていたことだ。

はっきり言ってしまえば、「営業特金」とは「顧客の資金を証券会社が預かり、一定の金利を実質的に保証して運用する仕組み」である。バブルで株価が上がり続けていた頃は、財テクをしたい企業からの注文が後を絶たなかった。本業の利益よりも営業特金の運用益のほうが大きい企業も珍しくなく、このような財テクができない財務担当者は、社内批判を浴びたりもしていた。

1991年9月4日、参院証券金融問題特別委の証人喚問を終え、国会を出る野村証券の田淵節也会長（写真提供：共同通信社）

営業特金の発端は、1985（昭和60）年の銀行の大口定期預金の自由化だった。大口定期預金では、通常の定期預金より金利が高い。ただし、大口の単位は10億円と決められていた。それが、自由化によって段階的に引き下げられ、89年には1000万円にまで下がった。

例えば、年率7％の金利が付けば、1000万円が5年で元利合計1350万円にも膨れ上がる。多くの資金が、銀行に流れるようになった。

それに慌てたのが、証券会社である。資金獲得に危機感を抱いた証券会社は、「利回り保証」の営業特金に走ったのだ。言葉を変えれば、「営業特金」とは証券会社と事業会社が締結した、ある種の「大口預金契約」だった。

しかし、銀行の大口定期預金の金利を意識した無理な利回りを約束したために、株式市場の動向によっては、大きな損失を出すこともある。それが、やがて損失補塡へとつながっていったのだ。

補塡の手口は単純ではなかった。もちろん利回り保証は法によって禁じられているので、契約書は残せない。担当者同士の口約束だったり、名刺の裏書だったり、約束の仕方はさまざまだった。

また、損失を隠蔽する「飛ばし」という行為も絡んでいた。飛ばしとは、値下がりした株式を、第三者や海外に移してしまうことだ。営業特金で運用している株式に含み損が発生した場合、その損を隠蔽するために、決算期の異なる他企業に一時的に保有させる。そうすれば、損失を確定せずに決算をやり過ごすことができるわけだ。

証券界に救いをもたらした「角谷通達」

筆者もまた、損失補塡問題という暗雲の真っただ中にいた当事者の一人だった。1989（平成元）年11月、大和証券の事業法人部が行っていた損失補塡が発覚した。MOF担の筆者は、大蔵省証券局証券業務課の課長補佐に呼び出された。

課長補佐は「今後一切、損失補塡は認めない」と宣言した。しかし、そんなことをしたら大変な混乱が起こることは必至だ。筆者は反論した。

「ちょっと待ってください。それは走っている車の前にいきなり塀を建てるようなもの。必ずクラッシュが起こるでしょう。もっときめ細かな行政指導が必要なのではないでしょうか？」

ひと口に損失補塡といっても、三つのケースがある。

第一は、運用を始めた時点で利回り保証や損失補塡を約束していたケース。第二は、運用を始める時点では何の約束もなく、損失が生じたときに、事業会社からの強い要請で損失補塡をするケース。そして、第三は、損失が発生した時点でも顧客からの要請がないにもかかわらず、証券会社が自主的判断で補塡するケース。年金福祉事業団などの公的機関や共済の運用などでは、よくこのような補塡をすることがある。そうしないと運用依頼がこなくなるという危機感があるのだ。

筆者は、次のように抵抗した。

「このうち第一のケースは、証券取引法違反と考えられます。ただし、第二、第三のケースは、学者の見解にもあるように、大口顧客への手数料割引行為とみなすこともできます。いずれにしても、もう少し、詳細な検討が必要ではないでしょうか」

課長補佐のトーンが変わった。

「わかった。クラッシュは避けたい。たとえば、90年3月期末まで整理のための猶予期間を与えれば解決するのか」

それは可能だと筆者は答えた。


筆者の主張がそのまますぐに採用されたとは思わないが、当時の大蔵省では、実質的なプレーヤーは課長補佐だ。「大蔵省では課長以上はコーチで、選手は課長補佐だよ」と某課長が言っていたこともある。実際に多くの案件が課長補佐によって決められていた。

その後、大蔵省内でどのような検討がなされたのかはつまびらかではないが、結局、大蔵省もある程度の妥協をした。「これまでは不問。これ以降は禁止」という線引きをしたのだ。そして89年12月26日に、当時の証券局長・角谷正彦（かどたにまさひこ）の名前で通達を出した。「証券会社の営業姿勢の適正化及び証券事故の未然防止について」といい、後に「角谷通達」と呼ばれる。

その内容は、「90年1月以降、3月末までに、①営業特金を解約して投資顧問会社経由に切り替える、②契約解除時点での損失補塡を禁止する」というものだった。

そしてこの角谷通達と同時に、大蔵省は、90年3月期末までに、「営業特金」や「飛ばし」を整理するように、という行政指導を行なった。

結果的に、角谷通達は、証券界に二つの救いをもたらす。一つは、この通達により、証券会社は、すべてではないが、損失補塡を反故にすることができたことだ。またその後は、証券会社の損失補塡付きの営業特金はできなくなったので、証券会社の被るリスクがある程度、限定的になったことだ。

この角谷通達が出た89年12月頃、営業特金の総額は証券会社全体で約20兆円であった。証券業界にとっては大きな節目となったが、こうした事情背景が、91年6月の野村証券の株主総会での田淵義久社長の〝爆弾発言〟につながった（後述）といわれている。それが田淵の社長辞任に発展しようとは、この頃はまったく想像できなかった。

損失補塡は、その後、大きな社会問題へと発展していく。90年の正月頃は、株式市場のムードはあまり変わらなかった。90年の日経新聞の新年号には、「日経平均株価は、6万円に達する」などの記事が躍った。しかし、すぐに株価バブルは弾け、個人投資家、中小企業も株価暴落の痛手を被ることになるのは、前述したとおりだ。

そのような中で、損失補塡を受けていた大企業に対して、個人投資家からは「なぜ、トヨタ、日産、松下電器、日立など、超一流企業だけが損失の救済を受けられるのか」と怒りが噴出した。このような非難に対して、これらの大企業側は損失補塡の事実を否定していた。

大阪大学教授で、当時のオピニオンリーダーの一人だった蝋山昌一が、「損失補塡は、形を変えた大口手数料の割引だ」との「大型手数料割引論」を展開したのは、このような状況下だった。筆者が大蔵省で「学者の見解」（94頁参照）と言ったのは、このことだった。

確かに蝋山の主張には一理ある。20兆円あるとされた「営業特金」の半分の損失があると仮定すれば、その額は10兆円であり、大手証券会社4社の行った補塡額を1200億円とすれば、損失額の1・2％にあたり、手数料相当分だという理屈だ。

だが、この理論は世間一般の理解を得るのは難しかったし、損失補塡問題は、結局不明瞭なままだった。証券会社が約束して行なった部分がどれだけあったのか。補塡の形態も多岐にわたり、その上「飛ばし」が絡んでくると、明確な把握は不可能に近かった。外銀（海外の銀行）などを通しての海外への「飛ばし」は、転々としてその所在すらつかめないケースもあった。

いずれにしても、当時の証券局の意向は、損失補塡は禁止するが、90年3月末までにしがらみをできるだけ解消するようにというものだった。しかし、現実には、その処理はそう簡単にはいかず、営業特金は、多額の損失を抱えたまま引きずられていった。

この場合、損失の処理方法として次の3通りが考えられる。

①顧客先企業に引き取ってもらう

②顧客先企業にファンドは引き取ってもらうが、損失の部分については、なんらかの形で補塡する

③ひたすら引き延ばして株価の上昇に期待する

証券会社は、状況に応じてこれらの方法を使い分けていたが、全般的には野村は①を中心に、日興と大和は②を中心に解決の努力をしていった。しかし、山一は③の道を選択していたので、97年の破綻につながったといわれる。

小田淵・野村証券社長の辞任の裏に大蔵省あり

損失補塡問題で証券界が揺れていた最中の1991（平成3）年に、野村証券の社長田淵義久が辞任。ほどなくして、会長の田淵節也も辞任することになる。

田淵義久は、役員になる前から「将来の社長候補」と期待された逸材で、実際、1985（昭和60）年に社長に就任した。田淵節也・前社長と区別するために業界では、義久は「小田淵（こ）」、節也は「大田淵（おお）」と呼ばれていた。両名は共に岡山出身だが、血縁関係はない。

この「小田淵」こと田淵義久に対して、大蔵省はあまりよい感情を持っていなかったように見えた。銀行と証券の垣根問題、いわゆる「65条問題」で大蔵省の顔色をうかがう証券界の首脳が多かった中で、小田淵だけは証券界を代表して堂々と論陣を張り、主張すべきことは主張

していたからだ。

　当時、大蔵省は、銀行局と証券局にまたがるこの厄介な問題を無難に収めようと、慎重に事を進めていた。そんなとき、小田淵は米モルガン・ギャランティ・トラスト銀行と共同で、信託銀行を設立する構想を打ち出す。小田淵は、社長就任当初から海外市場に目を向け、海外業務の収益化を目指していた。

　しかし、この構想は大蔵省としては面白くない。せっかく波風立てずに進めているのに、いきなり証券会社が銀行を設立するなど認めるわけにはいかないからだ。結局、大蔵省の反対でこの構想は頓挫してしまった。もしも実現していれば、日本の金融界に新風を吹き込む事件になっていただろう。

　以来、大蔵省、とくに銀行局には野村に対する感情的なしこりが残り、「野村だけは絶対に許さない」と銀行局の幹部が漏らしたとか、「野村は少しやりすぎた」と当時の事務次官が担当記者に話したなどと伝えられた。

　ちなみに、第1章で「大蔵省も、野村証券にだけは一目置いていた」（23頁参照）と述べたが、１９８０年代前半には、そうした雰囲気は薄まりつつあった。じつはこれに、筆者も一枚噛んでいる。

　かつて大蔵省に「金融財政研究所」というシンクタンクがあり、そこに証券会社では野村だけが出向させていた。そこで筆者は、ＭＯＦ担のとき、「野村だけでは不公平です。大和からも入れてください」と働きかけたのだ。その後、他の四大証券会社からも出向するようになり、われわれの意向も聞いてもらいやすくなったということがあった。

話を元へ戻そう。

野村への悪感情を見せる大蔵省に対して、小田淵のほうもまったく臆するところがなかった。ある取締役会で、

緊急記者会見で辞任を発表する野村証券の田淵義久社長。右は社長就任が内定した酒巻英雄副社長（写真提供：共同通信社）

「君たちは、なんでそんなに大蔵省にビビっているんだ。何も大蔵省に飯を食わせてもらっているわけではないだろう」

と言い放ったのだが、この発言は、翌日にはさっそく大蔵省幹部の耳に入った。取締役の中にはＭＯＦ担もいたので、おそらく雑談の中でポロリと漏らしたのだろう。もちろん、大蔵省幹部としては愉快な発言であるはずがない。

そのような中で、あの事件が起きた。91年の野村証券の株主総会での出来事だった。株主との質疑応答で、小田淵は「損失補塡は、大蔵省の了承のもとで進めていた」と発言したのだ。実際に大蔵省が了承していたかどうかは問題ではない。公の場でそのような発言が飛び出したことの影響は大きかった。

その模様をテレビで見ていた当時の橋本龍太郎蔵相は激怒した、と隣の席に座っていた篠沢恭介大蔵省大臣官房長（後の事務次官）が語っていたのを思い出す。

小田淵が辞任した当時、証券界にはある噂が流れた。「補塡損失は大蔵省の了承のもとで」などと公の場で発言すれば、ただでは済まないことは、野村証券のＭＯＦ担などの関係者は十分にわかっていたはずだ。だから、小田淵を辞めさせるべく、誰かがあのような発言を誘導したのではないかというのである。今となっては、その真相は知るすべもない。

小田淵と同時期に、日興証券の岩崎琢弥社長も、東急電鉄株の暴力団問題などが表面化して辞任した。岩崎はその後、副会長、会長に返り咲いたが、小田淵のほうは、野村がいくら大蔵省と交渉しても、会長への復帰はかなわなかった。

野村証券だけでなく、証券界にとっても、田淵義久という偉大なリーダーが表舞台から姿を消すことになったのは、残念なことだった。野村証券の幹部の中には、歴代の社長の中で、経営者としてもっとも優れた資質を持っていたのは小田淵だったという人が何人もいる。

その後、間もなくして大田淵こと田淵節也も会長を辞任する。大田淵は、衆議院の証券金融問題の特別委員会の証人喚問に呼び出され、東急電鉄株の暴力団への便宜供与、損失補塡問題、系列ノンバンクによる反社会勢力への融資などについて追及された。それが、辞任への引き金となったのだ。

断れなかった証団協委員長のポスト

1991（平成3）年4月のある日、筆者は同前雅弘社長に呼び出された。社長の口から出た言葉は、想定していないものだった。

「今度、証券団体協議会（証団協）の常任委員長を大和証券から出すことになった。ついては、君に行ってもらいたいと考えている」

即座に「いやです」と言いたいところだったが、言葉が出なかった。

筆者は、大和証券に入社したときから、将来は副社長にはなりたいと思い懸命に頑張ってきた。大企業の場合、社長になれるのは運の要因が大きい。一人の社長が10年もやれば、同年代の役員は社長にはなれない。大和証券には当時、4人の代表取締役副社長がいたので、そのポストなら努力次第で到達できると考えていたからだ。

しかし今、社長が指し示しているのは別の道である。そのとき、ようやく役員にまでなっていた筆者は懸命の抵抗を試みた。

「お言葉ですが、社長、当社には証団協の委員長として、私よりもっとふさわしい役員がたくさんいるのではないでしょうか」

「いや、君が一番適任だと思って決めたんだ」

社長の中では、すでに決定事項のようだった。筆者に残された選択肢は「証団協に行くか」「大和を退社するか」しかない。証団協行きを断れば、大和証券の役員として残れないことは理解できた。

突然のことだったので、今、大和証券を辞めたとしてもすぐに就職先があるわけではない。社長と話しているうちに心は徐々に固まっていった。とりあえず証団協に行って、1年以内に新しい勤務先を探して辞めよう。それが答えだった。

「わかりました。証団協に行かせていただきます」

同前社長の安堵の笑顔を横目に、筆者はうなだれながら社長室を後にした。

証団協が、証券業界のスポークスマン兼シンクタンク的存在の団体であることは、筆者も就任前から知っていた。しかし、証団協がどのような経緯で創設され、どのような役割を演じてきたかなどの細かいことは、何も知らなかった。

以前に、野村証券の瀬川美能留(みのる)社長が、山一証券の河合斌人(あやと)専務のために創設した団体だと聞いたことはあった。河合は日本勧業銀行に入行し、経済安定本部（現内閣府）や名古屋造船、山一証券に出向した人物で、後に実父が創業した河合塾の塾長となる。

証団協には、常任委員長の他に、野村、山一、日興、大和の四大証券と、岡三など3社ほどの準大手証券会社から専門スタッフが出向してきていた。月刊の『証団協レポート』は、有価証券取引税廃止、株式手数料の自由化問題などその時々の重要課題を取り上げていたので、評判が高く、大蔵官僚からも注目されていた。

その委員長ポストは、世間から見ると決して悪いものではなかった。今から四半世紀以上前なのに、年俸は2000万円を超えていたし、個室、秘書、社用車も付いていた。当時、私はJR総武線の幕張駅の近くに住んでいたが、朝は自宅まで車が迎えにきてくれるし、帰途も車で自宅まで送ってくれる。とくに、雨の日に車の中で新聞を読みながら出勤できるのは嬉しかった。

しかし、自分で選択した道ではなかったので、委員長に就任した直後から、別のポストを探しはじめた。すると着任して間もなく、魅力的なオファーが舞い込む。ジャパンシステムという上場会社から来てほしいと誘われたのだ。ポストも№2の副社長で、年俸も証団協の委員長を上回る。しかも、移籍支度金として5000万円くれるという。

じつは当時、筆者もバブルでやけどを負った一人で、大手都市銀行から借金して購入したゴルフ会員権が値下がりして、窮地に追い込まれていた。そんな状況で、移籍支度金5000万円は夢のような話だった。

さっそく、大和証券の土井定包会長と同前社長に、退任したいと了解を取りに行った。覚悟はしていたものの、会長の怒りは激しかった。「お前は大和証券の顔に泥を塗る気か！」と烈火のごとき剣幕だ。

「就任1年にもならないのに辞めたいとは何事だ。初代の山一出身の委員長は16年、2代目の日興からの委員長は12年務めたんだぞ」

土井会長の言い分は予想どおりだが、筆者はすでに大和証券を退社した身であり、支度金の5000万円は、筆者の口座にすでに振り込まれている。それは、筆者をバブル崩壊の窮地から救ってくれるはずの宝物だ。

ひと言、「辞めます」と言って退出すれば、それですべてに終止符を打つことはできた。損得勘定からすれば、「辞めます」以外の言葉はなかったはずだ。それでも、筆者の口から出た言葉は、「わかりました。証団協に残ります」だった。振り込まれていた5000万円は、翌日きれいに返却したが、その入出金が記された第一勧業銀行・兜町支店の預金通帳は今でも筆者の机の中に眠っている。

そのようにして残った証団協委員長の座も、その4年後に証券界の不況のため証団協自体が消滅し、筆者は委員長の座を去ることになる（後述）。

それでも、人生を振り返ってみると、最後まで証団協委員長を続けたことは「人生最高の英断」だったといえるかもしれない。証団協で得たさまざまな縁が、かけがえのないものだったからだ。人生行路の決断は、損得勘定だけでしてはいけないことを学んだ。

証券局長との昼食会をセッティング

証団協の常任委員長としての職務には、全力投球した。少しでも証券界の役に立てればと頭をひねった。思いついたのが、大蔵省の証券局長との昼食会だった。証券局長と一対一でざっくばらんな意見交換の機会を持つことが、証券界にとって有意義なことだと考えたのだ。

昼食会は、1991（平成3）年の松野允彦局長、その後の小川是局長、日高壮平局長を迎えて、筆者が証団協を去るまで続いた。場所は、米国大使館前にあった日本自転車会館の地下にある「ざくろ」という和食店。すき焼きやしゃぶしゃぶがうまい料理屋だった。ここなら大蔵省から歩いて来られる。いつも、掘りごたつのある6畳ほどの和室を予約した。月1回、正午から1時間半が通例だった。

証券局長と一対一で会うなどということは、通常、社長クラスでなければできないことである。それを、そんな機会を毎月のように持てたのだから、その後の自分の人生にもプラスになったし、もちろん、証券界にとってもいろいろな面でプラスとなった。

松野とは、証券局証券検査課長補佐の頃からの付き合いである。松野はその後、大臣官房審議官などを経て、1990（平成2）年に証券局長に就任していた。細身のすらっとした上品な紳士という風情で、理論家で弁が立ち、外資系の会社などからも頼りにされていた。松野を継いだ小川もまた、理論家で潔癖症、曲がったことは受け付けない性格だった。筆者が付き合った大蔵官僚の中で、潔癖性では最右翼と感じられた。では堅物かというとそうではない。冗談も言うし、人間的にも魅力にあふれていた。

次の日高は、次官候補といわれた俊才である。人間的にも親しみの持てる人柄で、普段着の会話を楽しんだ。週末のゴルフや麻雀などの回数も一番多かった。

それら歴代の証券局長と食事をしながら、そのときどきの証券界の問題について意見交換したものである。話題は、損失補填問題、株価維持のためのPKO発動（後述）、証券市場活性化問題、株式手数料の自由化など多岐にわたった。こうした重要な課題について、腹を割って非公式の議論ができたことは、やはり貴重な体験だったのだと思う。

大和証券の会長ではなく、社長が引責辞任したわけ

野村の小田淵社長が1991（平成3）年に辞任したのに続いて、大和証券も、同前雅弘社長が辞任した。92年、就任から2年半後のことで、損失補填や飛ばしの責任をとった形だ。

飛ばしは、前述したように「取引先の運用株式に含み損が発生した場合に、その損を隠蔽するため、決算期の異なる他企業に一時的に保有してもらう方法」である。バブルの頃は株式相

場は上がり続けていたので、飛ばしをしても、一時の含み損はいずれ解消する。その後、株式を買い戻せばなんの問題もなく終わっていた。

また、飛ばし先の企業も一時的に株式を保有すれば、年率10％程度の金利収入が得られたので、このような飛ばしの受け皿になった企業は多かった。

こうした財テクをしてくれる企業の担当者は、証券会社にとっては大切なお客様なので、その対応には頭を使う。例えば、バブル時代に、買えば儲かることが確実な、新規発行の転換社債を割り当てたりした。ある大手鉄鋼会社の財務担当副社長が、そのような転換社債で数千万円の儲けを得たと聞いたこともある。

しかしバブルが弾けると、飛ばしによる含み損は解消されるどころかますます膨れ上がる。大和でも飛ばしが大きな問題となった。とくに東急グループとは深刻な係争に発展する。当時、時価３００億円強だった有価証券を、東急百貨店が９０５億円で引き受け、それを大和が９２２億円で買い戻す約束をしていた。しかし、それが実行されず、裁判所の調停で大和が東急百貨店に４９０億円を支払うことで決着した。同前社長は、それらの不祥事の責任をとって辞任したのだ。

大和の飛ばしやにぎりの問題は、土井定包会長が社長だった時代に主に起きたことで、同前の関与は薄かったといわれ、社内では、土井会長が責任をとると思った人が多かった。

しかし、実際には、同前社長の退任という形で落ち着いた。土井会長は、社長時代から人一

大口顧客に約100億円の「損失保証」をしていた問題で記者会見する大和証券の役員たち。右から2人目が同前雅弘社長（写真提供：共同通信社）

倍努力して大蔵省との密接な関係を築いていた。それもあって、大蔵省高官の中には土井シンパが多かったのだ。ある大蔵次官経験者が「土井社長から（名門の）小金井カントリークラブに5回ほどゴルフに招待されたことがある」と話していたことを思い出す。

　同前が立派だったのは、退任に際して、後に禍根を残さないように損失補填問題を整理したことだ。東急グループとの補填問題を含め、500億円ほどの特別損失を計上し、きれいに清算した。もし、山一と同じように飛ばしを続けていたとしたら、大和も山一と同じ運命をたどっていたかもしれない。

　退任することになった同前に、土井会長は、後任の社長人事を一任する。同前が後任に選んだのは、同期入社の江坂元穂副社長だった。江坂は温厚な性格で知られており、同前は、自分の社長退任後の〝居心地のよさ〟も考慮して選んだのではと囁かれた。

東急百貨店をめぐる飛ばしは、山一証券でも大きな問題になる。あるとき、当時の山一証券の三木淳夫（みきあつお）副社長は、大蔵省証券局の松野允彦局長に、東急百貨店をめぐる損失の処理について相談した。

三木の証言によると、松野は「大和は海外に飛ばしているようですよ」と言ったという。これを聞いて三木は、「海外への飛ばしを示唆されたと受け止めた」と国会で証言している。松野は大蔵省は関係なく、あくまで経営者の判断としているが、山一はこれを一つのきっかけに、損失の簿外飛ばしへの道を突き進むことになったのは事実だろう。

小川証券局長に「株価PKO」を依頼する

1992（平成4）年、証券市場は大変なことになっていた。前述したとおり、株価バブルは土地バブルより一足早く、90年初頭に破綻。その後、日経平均株価は下落を続け、この年3月に2万円の大台を割り込み、6月には1万6000円を切った。銀行株も軒並み下落し、「日本経済の警戒ライン」、すなわち、銀行の株式含み益が完全に吹き飛ぶことを意味する1万5000円ラインをも割り込む状況だった。

証券界はにわかに慌ただしくなり、証団協の筆者のところにも、中小証券の経営者が「なんとかならないか」と詰めかけてきた。当時の証券界は危機感にあふれ、このままではどうなるかわからない、なんとか公的資金で株価を支えてほしいという要望が噴き出した。

政府、大蔵省も、重要な政策として、証券市場の立て直しと活性化に真剣に向き合うようになる。この重大局面で、92年6月に証券局長に就任したのが小川是である。

小川は、将来の次官候補と目されていた大蔵省のエースだった。本来なら、考えられない人事だ。前述したように、大蔵省の各局には暗黙の序列があり、トップが主計局、証券局はせいぜい5～6番目だったのだ。

小川が証券局長に抜擢されたのは、保田博と尾崎護の新旧事務次官の話し合いの結果だったという。当時、証券市場の活性化や証券スキャンダルなどで巷間をにぎわせていた野村証券や、大和証券などの損失補填問題を処理できるのは、構想力、実務能力に長け、それまでにも難局に対処してきた実績を持つ総務審議官の小川しかいないと、新旧次官の意見が一致したのだ。

また、同時に証券局総務課長となった林正和も、将来を嘱望されたエリート官僚だった。実際に林は、その後２００３（平成15）年に財務事務次官に就任したことを考えると、当時の大蔵省が証券行政をいかに重要視していたかがわかる。

筆者は、その小川証券局長に「ＰＫＯ」の発動を依頼に行った。ＰＫＯといえば、通常は「Peace Keeping Operation（平和維持活動）」を意味する。当時、カンボジアＰＫＯで、初めて自衛隊が海外に派遣されていた。そのＰＫＯを「Price Keeping Operation」に読み替えて、証券界では「公的資金による株価維持政策」の意味で使っていたのだ。

危機に直面していた証券界では、大蔵省にＰＫＯを強力に要請すべきだということになり、証団協の委員長だった筆者が小川局長のところに依頼に行くことになった。筆者の依頼に対し、小川の最初の反応は否定的だった。話し合いが一段落したとき、筆者はこう言った。

「それでは、株式市場活性化のために、小川局長が個人で株式投資をしてくれませんか。証券市場の番人である証券局長が株式を購入したことが世間に知られれば、間違いなく市場は反応しますから」

「知ってのとおり」と、小川は困った顔をする。

「証券局長は株式を売買できないんですよ」

もちろん、そのことは知っていた。しかし、その依頼はＰＫＯ交渉で切羽詰まった筆者が、思わず口にした心の声だった。

その後、意外な展開が待っていた。数日後に会った小川は、

「恩田さん、先日、投資信託を少々買いました。証券局長は株は買えませんが、投資信託なら買えるんですよ」

と、笑顔を見せたのだ。

小川局長は、証券市場の活性化を真剣に考えてくれている。そう思うと同時に、これならＰ

KOの脈もあるなと感じた。

その後、尾崎次官や大臣の判断もあったのだろう、小川局長から「必要があれば、公的資金の投入（PKO）も考える」との回答を得ることができた。8月28日に、事業規模で過去最大となる10兆7000億円の総合経済対策が決定され、PKOと呼ばれる郵便貯金・簡易保険資金による新たな株式運用枠が設定された。日経平均株価も1万8000円近くまで回復し、目先の危機は遠のいていった。

証券局長から大蔵事務次官になった小川是

ここで少し、小川について触れてみたい。

小川とは、前述した「ざくろ」の食事会で、何度も顔を合わせた。

筆者の小川に対する第一印象は、「バランスのとれた理解力抜群の聡明なエリート官僚」だった。小川は、理論家で清廉である一方、人間的な温かみ、深みのある「情と理」を併せ持っていた。通常はきりっと精悍（せいかん）な印象だが、時々みせる笑顔が人なつこく、人を惹きつける〝茶目っ気〟のようなものがあった。筆者が直接知る著名人で、この〝茶目っ気〟を感じたのは、京セラ名誉会長の稲盛和夫とこの小川是だけだ。

小川との話題の中で、強く印象に残っている一つが「証券営業本屋論」だ。

「恩田さん、本屋へはよく行かれますか？」

と言って、こんな話をしだした。

「本屋に行って、おやじさんに、これこれについての本を探していると尋ねると、それに見合った本を紹介してくれるでしょう。証券営業も同じですよ。証券会社が推奨する株式を売るのではなく、本屋さんのように日頃からもっと勉強して、お客様の立場にたった営業をしなければいけませんね。お客様の質問、要望に的確に答えられるように努力しなければ」

バブル時代の証券営業は、株式売買などの手数料収入で評価され、ボーナスの額も決まった。株式でも投資信託でも、売買を繰り返し（「回転商い」という）、手数料を稼ぐのが優秀な営業マンとされた。お客様の利益は二の次で、投資信託を購入してもらったすぐ後に、「さらによい投信ができた」などと理由をつけて、乗り換えをすすめたりしていた。

小川は、このような証券営業のあり方を基本的に考え直すべきで、「証券界ももっと勉強して、お客様のためになる営業をしていかなければ将来はない」と真剣に憂慮していたのだ。

小川は誠実そのものの人柄で、真剣に証券市場活性化に取り組んでくれた。その一つが「証券市場活性化委員会」の創設で、自らが陣頭指揮をとった。大蔵省の3階の会議室で開催されたその委員会には、錚々たる有識者が参加した。

委員長は、大森一東証副理事長で、メンバーには、八城政基（後の新生銀行会長）、諸井虔（秩父セメント会長）、大田弘子（後の第一次安倍内閣の経済財政担当大臣）などの委員10人ほどが参加

記者会見する小川是・新大蔵事務次官（右）と
篠沢恭助前事務次官（写真提供：共同通信社）

した。筆者も、証団協の委員長として末席を汚した。大蔵省からは、小川の他、林正和証券局総務課長が出席していた。

この委員会がとりまとめた市場活性化策の「具体的答申案」は、その後の証券市場の活性化に大いに役立った。

小川は、証券局長で実績を上げ、主税局長、国税庁長官を務めると、1996（平成8）年、大蔵事務次官に就任する。翌97年に次官を退任した後は、日本たばこ産業（JT）会長や横浜銀行頭取を務めた。

筆者は、小川とゴルフや食事を共にして親しく付き合ったが、私生活については、ほとんど何も知らなかった。2017（平成29）年に亡くなり、お別れの会が横浜ロイヤルパークホテルで行われ、そこで小川の私生活についていろいろと教えられた。会場の壁には、小川の在りし日の写真が飾られていた。それを見て、胸に込み上げてくるものを感じると同時に、立派な仕事ぶりと人柄を再認識した。

とくに胸を打たれたのは、小川の家族愛である。奥方と金時山（神奈川県と静岡県の境）に登山したときのツーショット写真が飾られていたが、そこには、なんと家族と820回登ったと記されていた。

小川は、この世を去る少し前に、「家族への思い」という次のような手記を残していた。

「私が実り多い日常生活を過ごし、なにがしかの社会への寄与をできたと感じるのは、由美子（妻）を中心に作り上げられた家庭の力があったればこそと感謝。家族一人ひとりに心からのお礼を伝えたい。私の死後においても、互いに助け合い、それぞれに良い人生を送ることを願う。ありがとう」

そこには、「小川は、仕事第一で人生を走りきった夫・父でしたが……」との奥方の言葉も添えられていた。

確かに小川は仕事第一であったが、同時に、家族思いの夫・父でもあったのだ。筆者もあの世に行ったら、また小川に会いたいと強く願っている。

ディーリング業務の自由化が証券会社を救った

1993（平成5）年、自民党が結党以来、初めて野党に転落し、非自民・非共産の8党による細川護熙（もりひろ）内閣が発足した。いわゆる「55年体制」の崩壊である。

「政治改革」を旗印に掲げた細川内閣は、自民党の38年間にわたる長期単独政権に終止符を打ち、国民からある種の熱狂を持って迎えられた。公選知事経験者（熊本県知事）の総理就任は史上初であり、衆議院議員当選1回での就任も珍しく、さらに閣僚を経験していない政治家の総理就任は半世紀ぶりだった。

この細川内閣を大蔵省で支えたのが、斎藤次郎事務次官と小川是の後を継いだ日高壮平証券局長だった。細川政権が誕生して間もない同年9月3日の朝、日高証券局長から、筆者に電話がかかってきた。

「証券界の規制緩和をしたいので、要望事項を提出してくれませんか」

その日、筆者は終日、日本橋茅場町（かやばちょう）の証券会館4階の証団協の委員長室に閉じこもり、150項目の規制緩和要望事項を取りまとめ、翌日、日高局長に提出した。

それから1週間ほどたった頃、また日高局長から電話があった。

「提出してもらった要望事項を事務方に検討させたところ、150項目のうち30項目はすでに規制緩和されていると言っていますよ」

そのことはもちろん、筆者は知っていた。しかし、表面上は規制緩和事項として発表されてはいたものの、実際には、証券局の窓口で適切な対応をしてくれていなかったのだ。その旨を日高局長に伝えると、予期せぬことが起こった。

それから間もなくして細川内閣から発表された証券界の規制緩和事項に、その30項目が「規制緩和確認事項」として付記されていたのだ。

この頃、バブルが弾けて、証券会社の経営は危機に瀕（ひん）していた。株式手数料の自由化もあり、本来の業務であるブローカー業務中心ではやっていくのが困難になっていた。とくに中小証券の中に、それでは食べていけないというところも出ていた。そのような中小証券が注力したのが、ディーリング業務（41頁参照）だった。

しかし、ディーリング業務は、1965（昭和40）年の山一証券危機（後述）以来、「ブローカー業務の補完業務」と位置付けられ、ディーリング業務に依存する経営は大蔵省が許さなかった。そのような環境下のある日、有力な中小証券会社の一つである丸国証券の渡邉靖国（わたなべやすくに）社長が証団協の筆者の部屋を訪ねてきた。

「ディーリング業務がブローカー業務の補完業務と位置付けられてから、もう30年近くが経過します。中小証券は、ディーリング業務を積極的にやり、利益を出さないと食べていけない時代になっているのに、少しでもディーリング業務の比率が高くなると関東財務局から厳しく指導される。なんとかなりませんか」

筆者も同感だった。ディーリング業務がブローカー業務の補完的位置付けになっているのは、もはや時代にそぐわないと考えていたので、さっそく、大蔵省の日高証券局長に問題提起した。日高局長の反応は早かった。

「おっしゃるとおりですので、これからはディーリング業務を自由にやってください」

筆者は証団協に戻り、すぐに渡邉社長に電話した。ただし「日高局長が了承した」とは言えない。官僚の言葉とはそういうものだ。渡邉社長には「何か問題が起こったら私が責任をとりますから、これからはディーリング業務を自由にやってください」と伝えた。

ところが、それから2か月ほどたったときである。また、渡邉社長から「困っている」と連絡をもらった。

「恩田さんからディーリングを自由にやっていいと言われたので、そのとおりにしたら、また関東財務局から厳しい指摘を受けています」

筆者は再度、日高局長を訪問し、事の経緯を説明した。今回も、反応は早かった。ただちに二つの具体的措置をとってくれた。

まず、全国の財務局長会議で「これからは、証券会社のディーリング業務を自由にしようと考えているので、厳しい指導はしないように」と指示。そして、証券業協会に対して「ディーリング業務自由化の通達」を発出してくれたのだ。これで、証券会社はディーリング業務を自由にできるようになった。

最近では、中小証券の中には、ディーリング業務を収益の柱としている証券会社もある。先見性のある日高局長の決断が証券界を救ってくれたのだ。

日高局長は、次官候補と目されていたほど優秀な大蔵官僚だったが、健康上の問題を抱えていたため証券局長というポストに甘んじていた。筆者とはウマが合うというか、食事会やアウトドアで頻繁に会う機会に恵まれた。もしも健康に問題なく、主税局長、大蔵次官と王道を歩いていたら、この世で会う機会はなかったかもしれないと思うと感謝の気持ちしかない。

証券局長の後、日高は大蔵省の三大ポストの一つである国税庁長官に就任するが、1年半で退官。その後、間もなくして早世したのはあまりに残念で言葉がなかった。

大蔵省OBの依頼で実現した、頭取候補との勉強会

1993（平成5）年の7月頃、証団協の常任委員長だった筆者に、元大蔵官僚で大物OBの長富祐一郎から、「金融界のリーダーを集めて勉強会をやらないか」という話が持ち込まれた。長富とは、筆者が大和証券に入社して間もなくの頃、証券局の課長補佐を務めていたことから知り合った。大蔵省では一番親しくしていた人物である。

後でわかったことだが、長富は大平正芳総理大臣の首席補佐官を務めたこともあって大平と親しく、大平が民間人有識者による長期政策に関する勉強会をいくつか設置していたときに、それを大蔵省側で仕切っていたのだ。長富の大蔵省への影響力は強く、この勉強会も、その延長線上での発想だったようだ。

長富の仕切りで、座長は吉野良彦（元大蔵次官、当時の日本開発銀行総裁）、副座長に福井俊彦（日本銀行理事、後の総裁）とすんなり決まった。だが、銀行界のメンバー選定は簡単にはいかなかった。長富からの注文は「将来、高い確率で頭取になる大手都銀の副頭取を集めてくれ」というものだったからだ。

さっそく、筆者は、親しくしていた住友銀行の西川善文専務に会いに行った。西川は当時、イトマンの不正会計事件への対応などで頭角を現し、有力な頭取候補といわれていた。そして最終的にメンバーになったのは、西川善文の他、日本興業銀行・西村正雄、三菱銀行・岸暁、富士銀行・山本恵朗、日本長期信用銀行・大野木克信らである。参加したメンバーは、その後、例外なく頭取へと昇格している。

勉強会には、損害保険会社からも一人参加してもらおうと考えた。西川に相談すると、「住友海上火災の植村裕之専務に話してみたらいいだろう」と言われた。こうして植村専務に参加してもらうことになったが、驚いたのは、その後間もなくして、植村が専務から社長に昇格したことだ。西川は同じ住友グループで、そのへんの事情を知っていたのだろう。

勉強会は、毎月1回、千代田区丸の内のパレスホテルで開催した。毎回、大学教授や大手シンクタンクの研究員などを呼んで30分ほど講演をしてもらい、その後、昼食をとりながらメンバー間でのフリーディスカッションをした。

いずれも頭取候補、錚々たるメンバーでの意見交換なので、筆者にとってはこの上ない勉強の機会となった。日本興業銀行副頭取・西村とは、勉強会の縁で、読売カントリーでゴルフを共にする機会を得た。西村は、ゴルフよりもその後の酒席をより大切にしていたように思えた。

勉強会のメンバーの中でとくに印象に残ったのは、副座長の福井日銀理事だった。福井は、会議室に入ってくる際、アレンジ役の筆者に「いつもご苦労さまですね」と、やさしい言葉をかけてくれた。その後、福井は、富士通総研の理事長を務めたりしたが、総裁として日銀に返り咲いている。

鶴の一声で消滅した証団協と丸起証券買収の顛末

証券団体協議会の常任委員長に就任して4年後の1995（平成7）年、筆者は、日本証券業協会の会長を務めていた大和証券の土井定包会長に呼び出された。

「証券界の不況で各種団体を整理しなければならない。だが、団体の多くには大蔵官僚が天下っているから簡単には廃止できない。証団協は、君が『うん』と言ってくれれば、廃止できるのだが」

証団協を廃止したいと言う。4年前、筆者が「辞めたい」と言ったときに、「少なくとも10年はやってくれ」と引き留められたときのことが、頭を横切った。今さら何を言っているのかと思ったが、しかし、筆者の口から出た言葉は、「厳しい環境は理解できます。証券界のために決断されることには従います」だった。

結局、証団協は日本証券経済研究所と統合することになり、筆者は委員長を退任した。辞めるときに土井会長から、「大和総研の顧問にならないかね」との誘いがあった。報酬はいくら欲しいか聞かれたので、「証団協では月180万円もらっていましたので、150万円くらいいただければと思います」と答えると、「わかった」と即答してくれたのは意外だった。

筆者が立ち上げに関わった大和総研の顧問は、会長を退いた者が就任するポストで、月給は50万円と決まっていた。月給150万円という破格の待遇を了解してくれたのは、「少なくとも10年は……」と言っていたことへの埋め合わせの気持ちが働いたのでは、と感じた。

そのようにして就任した大和総研の顧問には、なんの不満もなかった。しかし、高給をもらいながら大した仕事もしない状態で、このまま企業人としての人生を終えていいのかという思いが日に日に強くなった。

1995年9月のことである。ある新聞記事が目に飛び込んできた。

「兵庫銀行が、みどり銀行に改組するにあたり、子会社の丸起証券を売却する」

それを見た瞬間、「この証券会社を買収して、社長として証券業界に新風を送り込めたら」と想像を膨らませ、胸の高鳴りを感じた。居てもたってもいられず、買収資金もないのに、とにかく行動を起こすことにした。

兵庫銀行の当時の頭取が、大蔵省の吉田正輝（まさてる）元銀行局長だということは知っていたので、まずは大蔵省の西村吉正（よしまさ）銀行局長にアポを取った。すると「明日の朝9時にいらっしゃい」と言う。銀行局長が、早朝の9時にオフィスに来ているのかと疑問に思ったが、後でわかったのは、当時、西村局長は、住専問題などで帰宅できないほど多忙な日々を送っていたのだった。

翌朝、西村局長を訪ね、「じつは丸起証券を買収したいと考えています」と切り出すと、西村は局長机に戻って電話で誰かと話しはじめた。応接椅子に戻ってきた西村は、「吉田頭取が、今日の午後3時に会ってくれると言っているので、行ってみてください」と言う。吉田頭取は、その日は神戸の本店ではなく、東京・日本橋の東京支店にいるとのことだった。

指定された時間に吉田頭取を訪ね、買収の話を切り出すと、吉田頭取から意外にあっさり「問題ありませんよ」との言葉が返ってきた。

話は思いの外、順調に進みそうに見えた。しかし、現実の買収はそう簡単ではなかった。まず驚いたのは、買収には予想外の多額資金が必要なことだった。10億円という金額は、筆者の予想をはるかに超えていた。

しかし、一度決意したからには、諦める気持ちはなかった。「諦めたら、すべてが終わる」との思いで頭をひねった。人は、追い込まれると意外なヒントがひらめくものだ。その夜、寝床の中で、野村証券の系列会社で野村企業情報の新田喜男（にったよしお）専務の顔が浮かんだ。翌朝、新田に電話をすると、即座に「うちの後藤社長に話してみたら」との言葉が返ってきた。

さっそく野村企業情報の後藤光男社長を訪問し、

「買収資金を出してくれる人を探しているんですが」

と話すと、後藤社長は、

「いますよ。紹介しますから、来週の水曜日の朝9時に来てください」

と言う。筆者はあっけにとられると同時に胸がはずんだ。指定された水曜日の朝に後藤社長を訪ねると、車が用意されている。これからある人物に会いに行くという。なんだか気味が悪いくらいトントン拍子に事が運んでいるな、と思いはじめた矢先だった。後藤がおもむろに口を開いた。

「これから紹介する人は、商品先物会社の光陽グループの川路耕一オーナーです」

その言葉を耳にした瞬間、頭が真っ白になった。この状況をどう捉えたらいいのだろうか。商品先物会社が証券会社を買収するなど、大蔵省が認めるわけがない。かつて大和証券でMOF担をしていた筆者にはよくわかっていた。

当時、証券取引所に株式の上場が認められない業種が三つあった。消費者金融、パチンコホール、そして商品先物会社だった。株式の上場が許可されない会社が、証券会社を買収することを大蔵省が認めるなど到底考えられない。

車は10分ほどで、東日本橋の光陽グループ本社に到着した。

まだ混乱する頭で川路社長と会い、話しているうちに、迷いは消えた。この人は信用できると感じた。1時間くらい話は続いたが、川路社長の最後の言葉が筆者の心を動かした。

「恩田さん。本当に私と組んでやっていただけるのですか？」

10億円もの大金を出資しようとしている人のものとは思えない、謙虚な言葉である。筆者はとにかく、大蔵省の認可をとることに全力投球してみようと心に決めた。

ウルトラCでKOBE証券社長へ

その日の午後、大蔵省の日高証券局長に面会した。趣旨を説明すると、日高は少し考えてから、「この案件は証券業務課の管轄なので、課長をここに呼びますから、直接話してみてください」と言う。

ほどなくして、藤原隆（ふじわらたかし）証券業務課長が局長室に入ってきた。筆者は、藤原課長を説得すべくそれまでの経緯、証券会社の経営哲学を必死に語った。5分ほど話した頃、日高局長が落ち着いた声で言った。

「君、いいだろう」

天の声に、課長はうなずいた。「では、帰りに証券業務課に立ち寄ってください」と言い残して、藤原課長は局長室を出て行った。だが、日高局長に礼を言い、証券業務課に立ち寄った瞬間、血相を変えた課長の怒声が飛んできた。

「あなたは、証券会社の買収案件は、証券業務課の管轄であることぐらいは百も承知でしょう！　なんでわれわれを飛び越して、局長のところに直接行ったのですか」

課長の怒りは当然である。しかし、最初に証券業務課に話を持って行けば、答えは「ノー」であることは明らかだった。怒り心頭の課長には平身低頭謝るしかない。しばらく話していると課長の怒りも徐々に収まったので、筆者はなんとか無事に大蔵省を後にすることができた。

このようにして、商品先物会社による証券会社（丸起証券）の買収は認可され、筆者はその買収会社の社長に就任することができた。

その後、商品先物会社も証券取引所への株式上場が認められるようになったので、日高局長の判断は、時代を先取りしていたといえるだろう。

この商品先物会社・光陽グループの丸起証券の買収については、日経新聞（95年12月2日付）の「まちかど」というコラムに、記事が掲載された。少し長いが引用する。

「……商品先物取引の光陽グループ（代表川路耕一氏）による旧兵庫銀行系丸起証券買収が近く完了する。大阪への単身赴任で、社長に就任する恩田饒・前証団協常任委員長は、『長年世話になった証券界へお礼をするつもりで、小さくても投資家側に立った証券会社にしたい』と話す。（中略）両者の間を取り持った野村企業情報の後藤光男社長は『この時期に証券会社を持とうとする川路氏と、望んで経営者になる恩田氏との橋渡しができたのは、まさしく小さなビッグディール』と喜ぶ。

恩田氏は、まだ経営者として実績も上げていないが、（中略）投資家さえ見つかれば自ら経営に携わりたいと考えて後藤社長に相談を持ち掛けたようだ。

後藤社長は、『恩田さんの話を聞いてすぐに顔が浮かんだのが川路氏だった』という。商品先物業界の講演会の講師を務めた縁で知遇を得た後藤社長に川路氏は、『将来は総合金融商社を目指している。良い証券会社があれば買いたい』と打ち明けていたからだ。

『川路さんの情熱は証券界に新風を吹き込むはずだ』（恩田氏）と意気投合し、あとはトントン拍子。買収の調印式では川路代表が『将来は野村よりも立派な証券会社にしたい』と語り、後藤社長が思わず苦笑する場面も。北浜の関係者からは、『信用を得るために、知名度のある恩田氏を担ぎ出した』との声も聞かれるが、新しい丸起証券の経営に注目したい」


いずれにせよ、このようなチャンスを最初に与えてくれたのは、西村銀行局長であり、認可してくれたのは、日高証券局長だった。日高のその後は前述したとおりだが、西村銀行局長は大蔵省を退官後、早稲田大学教授を務めた。しかし、ある年の西村からの年賀状に、「皆さんとの年賀状の交換は、今年で最後にしたいと思います」との一筆が添えられてあった。そして2019年（令和元）9月に帰らぬ人となった。

丸起証券を買収したのは1995（平成7）年、阪神・淡路大震災が起きた年だった。何かお役にたてることはないかと考え、まず、社名を「ＫＯＢＥ証券」に変更した。当時は、ローマ字の証券会社名は大蔵省が認めてくれず、交渉は難航した。結局、登録名は「こうべ証券」で、通称「ＫＯＢＥ証券」とすることで認可を得た。

この「ＫＯＢＥ証券」への名称変更は予想以上に評判がよかった。大蔵省の小川是事務次官が、「ＫＯＢＥ証券への社名変更は素晴らしい。宣伝効果は10億円はありますね」と、祝ってくれたことを思い出す。

また、神戸市に何がしかの貢献をしたいと思い、当時の矢田立郎神戸市長に「ＫＯＢＥ証券の利益の１％を寄付させてください」と申し出たら、大変喜んでくれた。その寄付金の額も最初は１００万円単位だったのが、そのうち１０００万円単位になっていった。

営業の神様・豊田善一が、ＫＯＢＥ証券会長に

ＫＯＢＥ証券の社長になったお陰で、多くのよい出会いに恵まれた。野村証券元副社長で証券界の伝説の営業マン・豊田善一に巡り合えたのもその一つだ。

かつて、日経新聞の証券部長をしていた棚橋弘基（後の日経子会社・ＱＵＩＣＫ社長）が、こんなことをつぶやいたことがあった。

「戦後の証券界を代表する証券人は？　と問われたら、ふつうは野村証券の歴代社長の奥村綱

雄（お）、瀬川美能留（みのる）、北裏喜一郎（きたうらきいちろう）、田淵節也などの名前が挙げられるだろうが、誰にも決め手はない。でも、もし豊田善一の名前を挙げたら、誰も異議を唱えないのではなかろうか」

営業の神様・豊田善一にまつわる逸話は数多い。

野村の田淵節也社長が、筆者にこんな話をしてくれた。田淵が法人部担当の常務取締役、豊田が法人部長時代の頃の話である。

豊田が正月の元旦に、取引先企業の社長宅に新年の挨拶に行った。社長は、玄関での挨拶で済むと思って対応していたら、豊田が少しでいいので部屋で挨拶したいと言うので、応接間に通した。社長は、豊田はすぐ帰るだろうと思っていたのに仕事の話をして帰る気配がない。困った社長が田淵に電話し、どうにかしてほしいと泣きついてきたというのだ。

田淵は、豊田を電話口に呼んでもらってこう言った。

「豊田君、今日は正月元旦だし、もう勘弁してあげたらどうだ」

それでようやく豊田は引き揚げたのだそうだ。

豊田が押しかけたのは、取引先だけではなかった。これも田淵から聞いた話だが、週に2〜3回は田淵の自宅に来たそうだ。それも、夜の11時過ぎだったという。

「俺はもう寝ているのに、足音で豊田とわかるらしくて、女房が起こしにくるんだ。『豊田さんが来たわよ』って」

豊田の用事は、「今日の報告を申し上げます」とか「この件、明日はどうしたらよいでしょう」といったもので、「それはお前に任せるから」と言って追い返すのに苦労したと、田淵は笑っていた。

また、住友銀行の堀田健介副頭取からもこんな話を聞いた。

堀田が豊田と夜の宴席で会ったときのことである。豊田は当時、野村証券の法人部長だった。宴会は夜の9時30分頃にお開きとなった。翌朝、堀田が住友銀行に出社すると、豊田善一の礼状が待っていたという。豊田の部下が、朝一番で礼状を住友銀行まで持参してきたのだ。話を聞くと、豊田は宴会後、野村証券本店に帰って礼状をしたため、翌朝部下に住友銀行に持参させたのだという。

その豊田が、田淵節也の推薦でＫＯＢＥ証券に会長として来たのである。

ＫＯＢＥ証券に来たときは、豊田も70歳を超えており、軽い脳梗塞の後遺症で車椅子を使っていた。しかし、仕事ぶりは、そんなことを微塵も感じさせない。

筆者は「え！　本当ですか？」と、豊田会長に聞き返したことが何度もある。一度は、豊田が会長に就任して間もなくのときである。

「来月、投資信託を１００億円売るキャンペーンをしましょう」

筆者は思わず、豊田会長に聞き返した。

「１００億円ですって？　これまでのＫＯＢＥ証券の投信販売の月間記録をご存じですか。最高で1億8000万円ですよ」

豊田会長は黙ってうなずいた。結果的に、100億2000万円の申し込みがあり、最後の2000万円はお断りせざるを得なかった。営業の神様は、やると言ったらやるのだ。

キャンペーンの最中、豊田は、われわれの想像を超えるほど精力的に陣頭指揮をとった。こんなことがあった。その日、豊田は上野の東天紅でお客様と会食をすることになっていた。豊田は筆者に「たぶん9時頃には終わると思うので、投信販売キャンペーンの打ち合わせをしたい。幹部社員4人と東天紅に来てください」と言う。

車椅子の会長からの指示に、幹部は驚いた。9時に東天紅に行くと、豊田から投信販売についての指示が次々と飛んだ。

ちなみに、お客様との会食を掛け持ちするなど豊田には日常茶飯で、時にはゴルフを掛け持ちすることもあったという。

取引先と朝からコースに出て、ハーフを回ったところで秘書に電話をかけさせる。急用ができたと言って途中で抜けると、別のゴルフ場に車を飛ばして合流する。そちらの取引先には、その日は午前中に用事があるから、午後から参加したいと、あらかじめ言ってあったのだ。とにかく、その行動力はただものではない。

また、こんなこともあった。投信販売キャンペーン中に、豊田がこれからネミック・ラムダ

（電源コンバータ、スイッチング電源などの会社。現ＴＤＫラムダ）の斑目力曠（まだらめりきひろ）社長に会いに行くというので、ついて行った。

斑目社長に面談すると、豊田はこう切り出した。

「今月、ＫＯＢＥ証券で投信販売のキャンペーンをやっています。目標額は１００億円なので、おたくには10億円ほど買ってほしいと思っていますが、まあ、5億円でもいいです」

5億円の商品を売り込むとしては、なんとも乱暴な売り文句である。ところが驚いたのは、斑目社長の対応だ。

「豊田さん。当社は、これまで投資信託の購入で大きな損失を出していて、取締役会で、今後は投資信託は一切購入しないことを決議しています。そのような事情ですので、会社としては投信を買えません。その代わり、私が個人として1億円買わせていただきますので、どうかそれで勘弁していただけませんでしょうか」

そう言って深々と頭をさげたのだ。

30年近く前の1億円は、投信購入額としてはかなりの高額だ。それを購入する社長が豊田会長に深々と頭をさげたその光景は、今でも筆者の脳裏に焼きついている。

豊田は斑目社長との間で、そのような会話ができる関係を築いてきたのかと、営業の真髄のようなものを教えられたように思う。なお、斑目社長が購入した投資信託は、その後、値上がりして2億円以上になった。

証券業界にいた三人の営業の神様

豊田善一は「営業の神様」としてよく知られているが、じつは証券界に、神様はあと二人いる。ＫＯＢＥ証券発足に力を貸してくれた後藤光男（124頁参照）と市村洋文（いちむらひろふみ）で、ともに野村証券の営業マンだ。

まず後藤から紹介しよう。後藤は１９５８（昭和33）年に野村証券に入社し、早くから頭角を現す。同期の鈴木政志（まさし）と並んで将来の社長候補といわれた逸材だった（鈴木は後に社長）。

後藤光男がまだ30代で、野村証券の大阪支店法人部の課長代理をしていたときの話だ。後藤は投資信託を1億円売りたいと考えを巡らせていた。そして、白羽の矢を立てたのが大和ハウス工業の創業者の石橋信夫（のぶお）だった。当時の1億円は今以上に大金である。

後藤は、石橋社長にこう切り出した。

「世間には、お金持ちは大勢おられますが、さすがに1億円を現金でポンと出せる人はなかなかいませんね」

「1億円なら、俺はすぐにでも出せるよ」と石橋社長。

「そうですか。それでは投資信託を1億円買っていただけませんか？」

「わかった、買ってあげよう」

「ありがとうございます！」

そこからが後藤らしかった。大和ハウスの本社を出た後藤は、急いで公衆電話を探した。当時は携帯電話などない。後藤は、公衆電話から大阪支店の豊田善一法人部長に依頼した。

「今、石橋社長に投資信託1億円購入のOKをいただきました。すぐにお礼の電話を入れていただけませんか」

後藤の配慮は徹底していた。大口購入の約束を取り付け、飛び跳ねながら帰社したら、お客様からキャンセルの電話が入っていたりすることがある。後藤は、それを未然に防ぐために先手を打ったのだ。

営業マンの神髄は、商品を売るだけではなく、自分自身を売り込むことだとすれば、後藤はまさに神様だ。トヨタ自動車の奥田碩（ひろし）元会長や、カップラーメンの生みの親で日清食品の創業者・安藤百福（ももふく）なども後藤を可愛がった。

後藤が、横浜支店長時代、協同飼料事件に巻き込まれて支店長を辞任したときのことだ。安藤百福は、当時の野村証券の田淵節也社長に、「もし野村証券が、今後、後藤にしかるべき処遇をしないのであれば、日清食品に招きたい」と伝えたと言われている。そのくらい安藤社長は後藤に惚れていた。

三人目の市村洋文は、日本の証券会社における個人営業の1か月間の手数料収入の記録を作った、伝説の男である。市村が記録を樹立したのは、1980年代のバブル時代のことだ。当時の証券会社の営業マンは、「給料の3倍稼げ」と言われていた。月給30万円なら90万円が目標で、300万円を達成したら優秀営業マンの仲間入りができた。ある中小証券会社で、月1000万円も稼いだ営業マンがいて、業界で評判になったこともある。

しかし、市村の月間手数料収入の記録は桁が違う。なんと、6億円である。

市村は、毎日600通のダイレクトメールを発送し、翌日、タクシーを借り切って返信のあったお客を回った。通常、ダイレクトメールの返信率は1%以下である。しかし、野村証券というブランド名のお陰と、メールの内容もよかったのだろう、3%近い返信率だったという。

そのようにして樹立した「月間手数料6億円」という記録は、今日の手数料自由化のもとでは、まず破られることはないだろう。

筆者は、市村にはこんな思い出がある。これもKOBE証券の社長をしていたときのことである。KOBE証券のオーナーの川路耕一が「野村証券の大森支店長の市村という男が、しきりに会いたいと言ってきているんだが」と言う。筆者は、どうせ勧誘だろうから会う必要はないと思うと答えた。

だが、それからしばらくして川路は、市村に会った。そして、

「これまでに会った人の中で、初対面では今日の市村ほど感激した人はいない」

と興奮している。筆者は冗談めかして言った。

「そんなに感激したのなら、市村をKOBE証券にスカウトしたらどうですか。支度金を10億円も積めば来ますよ」

川路が、市村とどのような話をしたのかは知る由もないが、市村は野村証券を辞めて、本当にKOBE証券に入社してきたのだ。

その後、市村は筆者の2代後のKOBE証券社長に就任し、KOBE証券のIPO（株式公開）を成し遂げてくれた。面白いのは、あの豊田善一と市村洋文の誕生日が、同じ1月2日なのだ。それで市村は、「私は豊田善一の生まれ変わりです」などと言う。

豊田善一、後藤光男、市村洋文は昭和の、そしてバブルの申し子といえる。働き方改革が推進される今日のビジネス界では、今後このような営業マンは二度と現れないだろう。

住専問題で、銀行局長ではなく大蔵次官が辞任したわけ

銀行本体が住宅ローンにあまり熱意を示さなかった時代に、その別動隊として設立されたのが、住宅金融専門会社（通称「住専」）である。その住専がバブル期に貸し込んだ融資が、平成時代になって不良債権化した。これがいわゆる「住専問題」（88頁参照）である。

「住専問題」の構図は単純だが、その解決はそう簡単ではなかった。理由は三つある。

一つは、不良債権額が膨大であったこと。問題が発覚した1995（平成7）年には、住専

8社中7社が行き詰まりの状態に陥っていた。回収不能の不良債権額が、住専全体で約6兆4000億円にものぼった。

二つ目は、公的資金の投入に批判的な声が大きかったこと。民間金融機関の経営の失敗を、なぜ税金で尻ぬぐいするのかと世論は厳しかったし、財政資金投入をめぐって国会は大荒れに荒れた。

そして三つ目が、住専には大蔵省OBが多く天下っていたことだ。そのため、大蔵省の担当官がその処理を先送りしたこともあって、問題を複雑化させた。

1990年代に入り、バブルが崩壊し金融危機に直面したのは、何も日本だけではなかった。しかし、その後の処理の仕方で明暗が分かれた。

例えば、スウェーデンでは、それらの金融機関を救済せず、破綻させるというハードランディング政策をとった。いったん銀行を国有化し、巨額の公的資金を注入して不良債権を一気に処理してから、再民営化するというハードな政策を実施したのだ。それにより、1～2年ほどは苦境にあえいだが、すぐにV字回復を達成した。

同時に、明確な先端産業化を目指す産業政策を立て、「イノベーションに対する研究開発投資と教育投資」を増加させた。その結果、エリクソンなどの優秀なIT企業も誕生して新時代の扉を開くことができた。株価も現在では、90年代のピークをはるかに上回っている。

1995年12月18日、大蔵省で住専処理の財政資金問題で設立母体行首脳らと会談する武村正義蔵相（左から2人目）。手前右は西村吉正銀行局長（写真提供：共同通信社）

一方、わが国では、住専の不良債権問題の解決は遅々として進まなかった。その対応に奔走したのが、大蔵事務次官・篠沢恭助である。

篠沢は最初、親会社である金融機関の資金援助で解決する方向で調整を試みた。同時に当時の銀行局長・西村吉正（123頁参照）も、銀行や農協の損失分担を仕切ろうと努力した。西村は週末に、門前仲町の自宅に部下を集め、夜遅くまで議論を重ねていたという。

しかし結局は、6850億円の公的資金を注入して処理することになり、大蔵省は批判を浴びて火だるまになった。当時の武村正義大蔵大臣は、この住専への公的資金投入や一連の「大蔵スキャンダル」に激怒し、銀行局長の西村吉正の首を切るよう、篠沢次官に迫った。篠沢は西村をかばい、次のように擁護した。

「西村は大変有能です。彼がいなくなると、銀行局が機能不全に陥る可能性が大です。さらには、国会答弁にも支障をきたすだけでなく、年明けの国会審議も乗り越えられないかもしれません」

武村は、所属していた新党さきがけ内部からの突き上げもあり、篠沢の言葉には首を縦に振らなかった。そこで篠沢は、自らの退任を決意する。武村大臣は、1995年12月29日に篠沢次官の辞任を発表し、篠沢は、翌年1月5日付で退任した。当時としては、歴代の大蔵次官として最短となる在任7か月での辞任劇だった。

篠沢が立派だったのは、この間の事情を西村局長には一切伏せていたことだ。そのときのことが、日経新聞（菅野幹雄　西村の「追想録」）に、次のように書かれている。

「篠沢次官辞任決定直後の95年暮れ、『事務次官が引責辞任しましたが……』と登庁時に（西村局長に）問いかけると、『えっ?』と絶句した。動揺で手が震え、局長室の鍵がしばらく開けられなかった」

篠沢は、そのように西村本人には何も告げず、自ら責任をとった。筆者も、篠沢とは何度か食事を共にしたことがあるが、話の節々に男気を感じたものだ。見事な日本男児といえる官僚だった。

「その副社長は、これからも新聞沙汰になりませんかね」

1996（平成8）年12月31日付の朝日新聞に「野村証券の総会屋親族への利益供与」の記

事がのった。野村証券の幹部が「VIP口座」の存在を暴露したのだ。

当初は、VIP口座は、野村証券の会長と竹下登元総理との間などの、政治家への利益供与の問題と見られていた。しかし、それはすぐに総会屋への利益供与問題へと発展していく。その責任をとって、97年3月14日、酒巻英雄社長が辞任した（後に逮捕）。

酒巻は、辞任の前に大蔵省に出向いて、長野厖士証券局長と面談している。後継の人事について打診したのだ。かつてのように「箸の上げ下ろしまで」とまでは言わないが、当時もまだ大蔵省は証券会社に対して大きな影響力を持っていた。社長人事さえ、大蔵省の〝許し〟がなければ行えなかったのだ。

当時の野村証券の副社長には、村住直孝、中野淳一、斉藤惇、田村謙などが名を連ねていた。酒巻英雄社長は、その中の一人を新社長候補として挙げた。

それを聞いて、長野はこう言ったという。

「その副社長は、これからも新聞沙汰になりませんかね」

大蔵高官独特の言い回しだ。「イエス」と言わず疑問形で返すのは、「ノー」という意味なのだ。副社長時代にMOF担の経験もある酒巻は、そのへんはよく心得ていた。

長野局長の意向を忖度した酒巻は、野村証券に帰って、当時まだ最高実力者だった大田淵こと田淵節也に「大蔵省は、当社の考えている後継候補に難色を示しています」と報告したと伝えられている。

後継社長問題を含め、事後処理問題では、大蔵省と野村証券の間に大きなへだたりがあった。当時の大蔵省の考え方は「一連の不祥事に係わった役員は、全員退任すべき」という厳しいものだった。実際に、最終的には酒巻社長以下、総務担当の取締役まで、総勢20人ほどの役員が辞任に追いやられた。

それはまさに、火砕流であった。酒巻社長も、結局、後任社長を指名する前に辞任したので、当時の会長の鈴木政志（まさし）が〝選挙管理内閣〟として48日間社長を務めた。そして社長には、当時米国野村の社長を務めていて、不祥事とは距離のあった氏家純一（うじいえじゅんいち）常務が就任することで決着した。氏家は、シカゴ大学院経済学博士という異色の経歴で野村証券に途中入社している。あまりにも聡明で、その思考がユニークなことから、同僚からは「宇宙人」と揶揄（やゆ）されたりもしていた。

氏家が野村証券の社長に選ばれた理由は、いくつか考えられる。

第一は、前述したとおり、米国野村社長として米国に滞在していて、反社勢力など一連の不祥事に直接関わっていなかったこと。第二は、米国への赴任前に総合企画室長としてＭＯＦ担をしていて大蔵省の受けもよかったこと。第三は、鈴木政志会長兼社長が氏家を高く評価していたこと、である。

鈴木の人を見抜く眼力はずば抜けている。筆者は、鈴木と食事を共にしたことがあるが、会話の端々からもそれは感じられた。また、鈴木が氏家を高く評価していることも伝わってきた。

氏家は野村証券に途中入社したが、そのときの採用担当者が若き日の鈴木政志であり、当時から氏家の実力には一目置いていたのだろう。

氏家は、その経歴から英語も堪能で、ＭＢＡ（経営学修士）も取得していた。そういった面でも他の証券会社の経営者とは少し異なる存在だった。

野村のNo.1たる理由は社長人事にも表れていた

このように１９９７（平成９）年は、四大証券の社長交代が相次いだが、新社長にはいずれも、総会屋への利益供与や損失補塡、飛ばしなどの問題と直接的に関係のない役員が選ばれた。山一証券では、リテール（個人営業）畑出身の野沢正平（しょうへい）社長が、大和証券でも法人畑でそのようなことに直接的関係がなく、かつ早い時期から有力な社長候補だった原良也（はらよしなり）が社長に選出されている。

証券業界の雄・野村証券を見ていて、「すごい会社だ」と感じることはいくつもあったが、その一つが、社長の選任だった。その根底には、常に「誰を後継社長にしたら、野村証券にとって最善か」という清流が脈々と流れていたように思われた。

野村証券の戦後の歴代社長、すなわち奥村綱雄（つなお）、瀬川美能留（みのる）、北裏喜一郎（きたうらきいちろう）、田淵節也、田淵義久までの社長人事を見ていると、どうもそのように感じられる。

例えば、戦後2代目社長の瀬川美能留である。当時の証券界の№1は、山一証券だった。その後山一を抜き、野村証券を証券界の№1たらしめた発端は、この瀬川にあったといわれている。瀬川は、1961（昭和36）年に、野村証券の株式を東京証券取引所、大阪証券取引所、名古屋証券取引所に上場させた。したがって、今日の野村の土台を築いたのは「ダイヤモンド経営」を標榜していた奥村綱雄と瀬川美能留のコンビだといえる。

それを継いだ北裏喜一郎は、その基盤をさらに強固なものにし、国際化の基礎を築いた。また、最近「過去最高益」などと新聞紙上を賑わせ、野村グループの屋台骨となっている野村総合研究所も、北裏が中心となって設立した。

その後の大田淵こと田淵節也の偉大さについては、世間でよく知られるところである。大田淵を継いだ小田淵こと田淵義久は、多くの野村証券関係者が言うように、社長になるべくしてなった逸材だ。

田淵節也は法人畑など本部育ち、一方、田淵義久は、1956（昭和31）年以来、リテール畑で実績を積み重ね、梅田支店や福岡支店の支店長のような将来の役員候補が就任するポストを歴任してきた。しかし、両田淵はあまり親しい間柄ではなかったといわれている。

小田淵社長が損失補塡問題の責任をとって辞任したあとは〝ハプニング〟による社長交代もあったが、再度野村の清流に戻ったのが、2003（平成15）年の古賀信行（こがのぶゆき）の登場だった。20年ほど前に大蔵省証券局のある幹部が、「野村の古賀さんは人格者で、社内の人望も厚いですね」と言っていたのを思い出す。

古賀は、会長になってからも財界の重鎮として活躍している。２０１４年６月からは経団連の副会長に就任し、18年の人事では、経団連の№２のポストといわれる審議員会議長に証券界から初めて就任した。

野村の社長人事を見ていると、前任者が引き上げた、というような利害関係や人間関係などで選ばれたと思えるケースがほとんどない。みな、優秀で実力があり、当然と思われる人事だ。だからこそ、証券界の№１になることができたのではなかろうか。

第3章

大銀行・大証券の破綻という後遺症

戦後の大型倒産は、ほとんどが平成時代に起きた

戦後長い間、大蔵省が主導する金融行政は「護送船団方式」が基本だった。安定的な経済の発展のために、金融機関は一つも脱落することのないよう守られていたのだ。銀行や四大証券など大手の金融関係機関が倒産するなど、想像すらできなかった。

しかし平成時代は、1997（平成9）年の山一証券の自主廃業に象徴されるように、金融・証券界にとって悪夢の時代となった。

もっともこれは金融・証券業界に限ったことではなかった。この時期、産業界全体で大型倒産が相次いだのだ。民間の信用調査機関・帝国データバンクの調べによると、平成に入って負債1000億円以上の大型倒産が約250社、このうち負債1兆円以上の超大型倒産は10社に及んだ。戦後の大型倒産の上位30社のうち、29社が平成時代に起きているのだ。

このような経済危機は、アジア全体に及んでいた。その発端はタイだった。1997年7月2日、タイ政府は、タイ通貨バーツと米ドルとの交換レートを一定範囲に保つドル・ペッグ制を突如として放棄した。それは、タイの名物スープの名をもじって「トムヤムクン危機」と呼ばれた。

タイバーツは瞬時に暴落し、1ドル＝25バーツからあっという間に50バーツ以下に暴落した。

このタイの信用不安は、感染症のように周辺のアジア諸国に広がった。マレーシア、インドネシア、韓国へと伝播し、各国で通貨と株価の暴落が続いた。とくに韓国は、IMF（国際通貨基金）の支援を受けなければならないほどの窮状に陥った。

1997〜98年にかけて、韓国第二の自動車メーカー・起亜自動車をはじめ韓国財閥が相次いで破綻し、海外投資家の資金逃避を誘発した。金融機関の破綻も続き、韓国ウォンの価値は半減。格付け機関による韓国企業の格下げもあり、社債の新規発行もできなくなった。

株価も3年前の1994年の最高値の4分の1に下落した。銀行の貸し渋りもあり、97年の1年間で、倒産した韓国企業は1万7000社に達する。失業率は8・8％となり、中でも若者の失業率は、14・5％にも昇る。経済成長率も年率で7〜8％で推移していたものが、98年にはマイナス5・5％に急落した。

このようなアジア地域における通貨危機もあり、1997年はわが国の株式市場も不穏な船出となる。日経平均株価は前年の最安値を更新し、1年2か月ぶりに1万8000円台を割り込んだ。とくに銀行株が売りを浴び、97年と翌年の98年には、銀行・証券界に以下のような破綻・倒産劇が繰り広げられた。

1997年11月3日　三洋証券（会社更生法申請）
1997年11月17日　北海道拓殖銀行（営業譲渡の決定）
1997年11月24日　山一証券（自主廃業発表）

1997年11月26日　徳陽シティ銀行（経営破綻発表）
1998年10月23日　日本長期信用銀行（特別公的管理申請）
1998年12月13日　日本債券信用銀行（特別公的管理申請）

見てわかるように、97年11月には、4件の大型破綻が集中している。毎週、金融機関の破綻劇が起こるという前代未聞の事態だった。

三洋証券の倒産が避けられたかもしれない二つの道

まず、三洋証券の破綻から振り返ってみよう。上場証券会社としては戦後初の倒産劇だった。三洋証券は当時、野村、山一、日興、大和の四大証券に次ぐ立場にあり、勧角証券、岡三証券などとともに、「準大手証券」の一角を占めていた。

当時の三洋証券について、筆者が思い浮かぶ事柄がいくつかある。

一つは、世界一といわれたディーリングルームである。それは、バブル最盛期の1988（昭和63）年5月に、ウォーターフロントの最前線・江東区塩浜に建設された、巨大な体育館ほどの施設だった。東京証券取引所の1・8倍という広さは、当時、世界一といわれた米国のクーン・ローブ商会のトレーディングルームをも凌ぎ、世界一の規模を誇った。

二つ目は、豪華クルーザーである。三洋証券はバブル期に豪華なクルーザーを保有し、東京湾一周の船旅に顧客を招待していた。『バブルへGO!!タイムマシンはドラム式』（2007年公開）という映画があるが、まさに映画のようにバブリーな晩餐会が、豪華クルーザーの船上で繰り広げられていたのだ。

三つ目は、野村証券と日本債券信用銀行（日債銀）の影響力の強さだ。

1985（昭和60）年～93（平成5）年まで三洋証券の社長を務めた土屋陽一（つちやよういち）は、創業者の土屋陽三郎の息子で、慶応大学卒業後は野村証券で修業した経験を持つ。証券会社トップの野村は当然、給与レベルも高い。土屋陽一は、野村並みに給与水準を高くすれば優秀な人間が呼べると考えたのだろう。中堅証券としては異例の高給だったため、結果的に優秀な若手が集まっていた。そのような証券会社が倒産するなど、誰も想像すらできなかった。

1991年に準大手、中堅証券13社の損失補填先リスト公表を受けて記者会見する三洋証券の土屋陽一社長
（写真提供：共同通信社）

だが、バブルが弾けると三洋証券の経営にも影が見え、6期連続の赤字となっていた。しかし、三洋証券の倒産の主な原因は、後述する山一証券のそれとは異なっていた。多額の簿外債務があったわけでもなかったし、損失補塡や総会屋の問題もなかったといわれている。三洋証券の証券業務は、赤字は出して

いたものの、倒産するほど悪い状態ではなかったのだ。

では、何が起因したのか。

引き金となったのは、子会社の三洋ファイナンスの問題だった。三洋ファイナンスは、社名に「三洋」の二文字を冠していたが、三洋証券の出資比率は5％に過ぎず、実質的オーナーは日本債券信用銀行だった。融資先にも日債銀が深く関わっていて、資金も日債銀から出ていたといわれる。

その意味では、三洋ファイナンスは、日債銀の問題融資先の隠れ蓑のような会社だったのかもしれない。日債銀の意向による融資先だった友邦化成への250億円の融資焦げ付きが、三洋証券破綻の直接の引き金だったといわれる。ちなみに、一時は資産2000億円といわれ「歌う不動産王」などと呼ばれた某大物歌手も、この三洋ファイナンスから多額の融資を受けていたと噂されたこともある。

この三洋ファイナンスの問題を、大蔵省は早くから把握していた。三洋証券は、三洋ファイナンスの株式を5％しか保有していなかったが、大蔵省証券局は、その三洋証券に250億円の貸し倒れの全額を負担するように迫っている。三洋ファイナンスの問題は、三洋証券の問題――それが大蔵省の考えだったのだ。

大蔵省証券局は、三洋証券に対して、二つの約束をするよう圧力をかけてきた。

一つは、三洋ファイナンスに対する2500億円の貸し付けの裏保証（レター・オブ・アウェアネス）をすること、もう一つは、日東土地建物と三洋ファイナンスとの合併である。日東土地建物は、三洋証券の土屋一族の個人会社で、土屋家が全株式を保有していた。日東土地建物の業績は順調で、４００億円の含み益を持っていた。

土屋社長は、この二つの要請を断ったが、後日、レター・オブ・アウェアネスについては取締役会で決議している。

いずれにしろ、証券局の意向もあり、土屋は１９９３（平成5）年に三洋証券の社長を辞任。後任は、池内孝、宮本尚弘、両副社長の争いとなったが、大株主・野村証券の意向もあり、結局、池内が社長に昇格した。

池内が社長になっても、三洋証券の業績が改善することはなかった。大蔵省証券局は、すでに１９９５（平成7）年頃から、三洋証券を救うべく手を打とうとしていたといわれる。小手川大助証券局業務課長を中心に、大株主の野村証券やメインバンクの東京三菱銀行に働きかけたが、うまくいかなかった。そこで次に考えたのは、野村証券系列の国際証券との合併だった。

この話は、小手川と松谷嘉隆国際証券社長との間では合意に達していた。しかし、１９９７年9月26日付の産経新聞のすっぱ抜き記事が出る。それが事態を混乱させ、結局はご破算になってしまった。

投資家はじめ関係者は資金を一斉に引き揚げた。97年10月6日の資金ショートの危機は、長野庵士(あつし)証券局長と高垣佑(たかがきたすく)東京三菱銀行頭取の計らいでなんとか逃れられたが、10月17日には、長野局長も三洋証券の法的整理を決断せざるを得ない状態に追いやられた。そして、ついに97年11月3日、三洋証券は戦後初の上場証券会社の倒産劇を演じることになった。

筆者は、三洋証券の運命の分岐点は、1993年の社長交代時だったと見ている。野村証券出身の宮本が社長になっていたら、その後の歴史は変わっていたのではないか。これは当時からいわれていたことである。宮本は野村証券の常務を務めたこともあり、優秀な経営者だった。

もう一つ挙げれば、三洋証券と東京三菱銀行との関係だ。三洋証券が直接、東京三菱銀行に支援を依頼していたら、やはり倒産は回避できた可能性がある。当時、高垣頭取も、三洋証券からの直接の依頼があれば、支援に動こうとしていたと伝えられた。

高垣の人柄を知る筆者も、同様の思いだ。

高垣とは、ロンドンで1980(昭和55)年頃、東京銀行と大和証券とそれぞれの会社に勤務していて互いに面識があった。ある日、ヒースロー空港で偶然に会ったときのことである。筆者が、スーツケースなど重い荷物を何個か持って歩いていると、「荷物、お持ちしましょうか」と、高垣が寄ってきてくれたのだ。困っている人を見過ごせない、そういう男なのだ。あのとき直接依頼されれば、きっと最善を尽くしたのではないかと思う。

いずれにせよ、三洋証券は11月上旬に姿を消し、世間に衝撃を与えた。しかし、これは、その後に続く大型倒産の序章にすぎなかった。

〝潰れない銀行〟北海道拓殖銀行はなぜ破綻したか

三洋証券倒産から14日後の11月17日、北海道拓殖銀行（拓銀）が破綻する。拓銀は、名称こそ「北海道」と付いてはいるが、地銀ではなく、れっきとした都市銀行の一つだ。東京や大阪などの大都市はもちろん、ニューヨーク、香港などにも支店を持っていた。

当時は、長期信用銀行（興銀、長銀、日債銀）や都市銀行（拓銀等）が、21行あった。いずれにしろ１９９７（平成９）年に、都市銀行の一角を占めていた拓銀が破綻するなど、夢にも考えられないことだった。

拓銀は、昭和末期のバブル期に、積極的に不動産投資にのめり込む。大蔵省の検査でも、いくつかの融資の甘さや経営上の不手際が指摘されていた。しかし拓銀は、１９００（明治33）年、北海道を振興するために「北海道拓殖銀行法」という特例法に基づいて設立された国策銀行で、護送船団方式に守られており、潰れることなどないと考えられていた。

日本中がバブル景気に沸いていた頃、拓銀は、不動産関係の融資に積極的に手を広げていった。１９９０年には、他行に乗り遅れないようにと不動産融資の専門部隊を創設し、東京や大阪にまで融資を拡大していった。その多くがバブル崩壊後に回収不能となり、不良債権化する。

融資先企業の資金回収に赴いた拓銀の行員が、「暗くなったら一人歩きはしないほうがいいよ」などと、脅迫まがいの言動を浴びせられることもあったという。融資先の中には、裏社会に通じた怪しげな企業も多かったのだ。

融資先としてとくに問題になったのが、札幌に本社のある建設会社カブトデコムへの過剰融資だった。カブトデコムは、バブル期には、大規模なリゾート開発を行う不動産グループ企業の親会社として全国的に名を馳せていた。東京方面からも、多くの金融関係者や投資家が札幌の本社を訪れた。

筆者も、北海道銀行の藤田恒郎（つねお）頭取（大蔵省OB）を訪問した折に、カブトデコムの札幌本社で、創業者の佐藤茂会長と面談したことがあった。応接間がとても広くて立派だったのを覚えている。

拓銀のカブトデコムへの融資額は、群を抜いた額になっていた。中でも、カブトデコムの子会社のエイペックス社が、総工費650億円をかけて1993年に開業した会員制高級ホテル「エイペックス洞爺（とうや）」などが問題視された。カブトデコムは、拓銀から積極的な支援を受け事業を拡大したが、バブル崩壊に伴い、1000億円超ともいわれた多額の不良債権を抱えることになり、それが拓銀破綻の一因となったといわれている。

拓銀の破綻後に発表された97年度決算での不良債権総額は、貸出金残高5兆9290億円の約4割に当たる2兆3433億円という、驚くべき額に膨らんでいた。それらの不良債権が拓銀を押し潰した最大の要因となった。

河谷禎昌（かわたにさだまさ）が拓銀頭取になった94年以降は、不良債権がどんどん膨らんでいった。当時、拓銀はマスコミに「危ない銀行」として名指しされ、イメージは急速に悪化していた。大量の預金が流失して資金繰りも厳しくなり、底が抜けた状態に陥ったのだ。

そのような中で、拓銀は、藤田恒郎が頭取となっていた北海道銀行との合併も模索されたが、結局はうまくいかなかった。この合併話が破談になってから、拓銀の資金繰りは日一日と悪化していく。そして運命の日、11月14日が訪れた。

この日は、日銀への準備預金積み立ての最終日だった。調達希望金利を引き上げたりしたが、資金提供をしてくれる金融機関は現れなかった。積み立て不足が確定した午後5時、拓銀は経営断念に追いやられた（実際に営業譲渡が決定したのは17日）。

拓銀の最後の頭取・河谷禎昌は逮捕され、特別背任罪で懲役2年6か月の実刑判決を受けて収監された。大手銀行の経営トップが収監された例は、他にない。１９９５（平成７）年の東京協和信用組合に始まり、２００３（平成15）年までに経営者が逮捕された金融機関の数は40近くに及んだが、そのほとんどは、有罪になっても執行猶予付きで収監されたことはなかった。

１９００年に発足した名門銀行が、こうして創立１００年を目前に姿を消すことになった。山一証券の破綻も創立１００周年目であることを考えると、何か歴史のいたずらのような運命の不思議を感じる。拓銀は、破綻してから1年経った98年11月、北海道内のビジネスを道内三番手の北洋銀行に、道外の営業を中央信託銀行（現三井住友信託銀行）に譲渡して姿を消した。

大蔵省OBがテコ入れするも破綻した徳陽シティ銀行

話は少し前後するが、山一証券破綻を語る前に、その2日後に起こった「徳陽シティ銀行破綻」について触れておこう。

山一破綻の激震で金融界がまだ騒然とする中、1997（平成9）年11月26日の早朝、大蔵省は記者会見を開き、「仙台に本店のある第二地銀・徳陽シティ銀行が、不良債権を抱えて経営破綻した」と発表した。このニュースにより、危機が噂されていた他の地方銀行の本支店に客が殺到し、預金を引き出すための行列ができた。

徳陽シティ銀行は、宮城県内の無尽会社3社が合併して「三徳無尽」として1942（昭和17）年に発足した。51年10月に、相互銀行法の施行に基づき「徳陽相互銀行」に衣替えすると、75年には東証2部に上場を果たす。しかし、1980年代に入ると簿外保証、土地転がし、さらには反社会勢力が関与する企業への融資など、不祥事が相次いだ。

それ以降は大蔵省の行政指導のもと、数々の乱脈融資の処理が進められたが、その処理は遅々として進まない。赤字決算が続き、経営は悪化していった。1989（平成元）年2月、相互銀行が一斉に普通銀行へ転換したが、徳陽は認められなかった。

その後、90年6月に大蔵省出身の大谷邦夫（おおたにくにお）を新社長に迎え、テコ入れを図った。大谷は、大蔵省時代に証券局総務課長を務めたこともある逸材である。その2か月後の8月、ようやく普通銀行への転換が認められた。

しかし、テコ入れの効果は振るわなかった。ついに97年11月26日、コール市場（短期金融市場のことで、銀行などの金融機関が互いに短期資金の貸借を行うインターバンク市場を指す）においての資金調達ができなくなり、資金繰りに行き詰まる。大蔵省は、徳陽にはまだ株の含み益があるとして、広域合併による生き残りを画策したが、うまくいかなかった。

当時、徳陽の取引先は、８０００社を超えていた。取引先企業には「苦しいときに助けられた」と感謝する中小企業も多く、地域経済を支えた銀行だったといえる。

11月26日午前6時過ぎ、徳陽シティ銀行の新井田時男（あらいだときお）社長は、仙台銀行頭取で相談相手であった日下睦男（くさかむつお）に、電話で「自主再建を断念して営業を譲渡する」旨を伝えた。その日のうちに、大蔵省は「徳陽シティ銀行経営破綻」を発表した。山一証券破綻の影に隠れて、徳陽シティ銀行の破綻はマスコミの扱いも大きくなかった。

仙台市青葉区一番町には、今も徳陽の金文字看板やバッジ、店舗の写真などが飾られている徳陽会館があり、元徳陽行員が集まっては往時をしのび、語り合う場となっている。その多くが、「資金が続く限り会館を残したい」「みんなをつなぐ唯一の場所だから」と口にしているという。

1965年の山一証券の危機を救った田中角栄

1997（平成9）年11月24日、山一証券が破綻する。だが、じつはその32年前にも、山一は大きな危機を迎えていた。

かつて証券界では、野村、山一、日興、大和が四大証券といわれ、中でも、山一証券は名門中の名門だった。1897（明治31）年創業、1920（大正9）年には証券界のトップの座につき、戦後も成長を続けた。証券界の№1は、野村ではなく山一だったのだ。

証券界は、1954（昭和29）年からの「神武景気」、さらに1958年からの「岩戸景気」に支えられ、大きく発展する。株式市場も右肩上がりで、55年からの6年間で、株式時価総額は1兆1000億円から6兆4300億円と、5・8倍に膨れ上がった。当時は、証券会社のボーナスは現金支給で、詰め込まれた1万円札の厚みでボーナスの入った紙袋が立ったという。

それまで、証券会社は「株屋」と呼ばれ、銀行などよりもずっと下に見られていた。しかし59年頃から「銀行よさようなら、証券よこんにちは」などと言われ、優秀な大学卒業者がぞくぞくと証券会社の門を叩くようになった。大和証券も、1959年入社の江坂元穂（えさかもとお）（後の大和証券社長。108頁も参照）が東大卒第1号だった。

そのような時代背景の中で、山一証券も急激に巨大化していく。1956年9月末に243

４人であった従業員数は、６年後の１９６２年には９１１４人と４倍近くになり、当然のように手数料収入も9倍に膨れ上がった。当時は法人営業に強みを発揮し、「法人の山一」と呼ばれていた。企業の株式による資金調達の主幹事、副幹事の約4割を山一が占めたのだ。

しかし、好況はいつまでも続かなかった。１９６１年の日銀の二度にわたる公定歩合の引き上げにより、株価は下落に転じた。それに追い討ちをかけるように、63年7月には、ケネディ米大統領のドル防衛策のショックもあり、株式市場は一段と冷え込んでいく。61年7月18日に、１８２９円だった日経ダウ平均株価が63年末には、１２００円台にまで落ち込んだのだ。

こうした動きの中で、山一は徐々に窮地に追い込まれていった。１９６４（昭和39）年８月には、大蔵省も事態を察知することとなる。〝山一証券の最初の危機〟である。大蔵省から依頼されたメインバンクの一つであった日本興業銀行の中山素平（そへい）頭取は、興銀同期入社で日産化学工業の社長をしていた日高輝（ひだかてる）を山一に送り込んだ。その頃には、ようやくマスコミも山一の経営危機を察知することになる。

大蔵省は、在京大手新聞社に対し、山一問題についての報道自粛を要請した。しかし、自粛協定外の西日本新聞が、１９６５（昭和40）年5月21日の朝刊の一面トップで「山一、経営危機」と掲載し、自粛していた大手新聞もそれに追随せざるをえなくなる。翌22日は土曜日で半日の営業（当時は、土曜日も休日ではなかった）だったが、山一の各店に早朝から解約を求める客が殺到し、取り付け騒ぎに発展した。

しかし、その危機は、時の大蔵大臣・田中角栄の英断により、回避されることになる。経営危機が報じられた7日後の5月28日、東京・赤坂の日銀氷川寮で、政府・金融界トップの極秘会談が行われた。出席者は、田中大蔵大臣、佐藤一郎大蔵事務次官、佐々木直日銀副総裁、中山素平興銀頭取、岩佐凱実富士銀頭取、田実渉三菱銀頭取などだった。

倒産寸前の山一証券をどうすべきか。議論は2時間に及んだが、なかなか決定打が出ない。そのうち、田実三菱頭取がこんなことを言い出した。

「この際、証券取引所を閉鎖して、ゆっくり今後の方策を考えたらどうですか?」

この発言に田中角栄は気色ばんだ。

「それでも銀行の頭取か。これがもし銀行のことだったら、君はどうするんだ」

この田中蔵相の発言に、興銀の中山頭取がとりなし役となり、急転直下、「日銀特融」(日銀法25条に基づいて実行される特別融資)が決まった。翌日の田中の「無担保・無制限・無期限の日銀特融」の発表で、山一は救われることになる。通例なら、政府、自民党、大蔵省、日銀などの根回しに時間を要するところを、田中は、即断即決の対応に踏み切ったのだ。この報道で、取り付け騒ぎは一気に沈静化した。

田中の決断は、後に「歴史に残る英断」と称賛された。65年の山一証券の最初の危機は回避されたのである。

このときの経営悪化の原因の一つは、山一証券の手持ち株式の比率の高さだった。山一は、63

年当時、純資産の3倍近い370億円の有価証券を保有していた。この教訓もあり、その後、証券会社のディーリング業務は規制され、「ディーリング業務は、ブローカー業務の補完業務」と位置付けられることになる。

1997年の危機はなぜ救えなかったのか

その32年後、山一証券は再び深刻な経営危機に直面する。しかし、今度は前回のようにはいかなかった。山一は、1997（平成9）年11月24日の取締役会で「自主廃業」を決議し、100年の歴史に幕を閉じた。まさにバブル崩壊を象徴する大事件だったのだが、この大型破綻を回避する道はなかったのだろうか。その経緯をできるだけ詳細に追ってみよう。

97年の日本の株式市場は、景気の先行き不透明感や金融機関の不良債権問題への懸念などから下げ足を速めていた。日経平均株価は、1月10日には1万7000円台まで急落した。さらに、4月1日に消費税が3％から5％に引き上げられたことが、その傾向に拍車をかける。山一は、このような状況下で業績回復が望めず、マスコミの「飛ばし問題」の報道もあり、一段と強まった逆風にあえいでいた。

それをさかのぼる3月18日、山一の役員の人事異動が発表されていた。行平次雄会長と三木淳夫社長の二人を残し、専務以下11人の大量の役員が退任するという異例の内容だったため、世間を驚かせた。それ以前から、4月15日の創立100周年を機に、役員の若返りが図られるのではといわれていた中での発表だった。

「この役員異動にはウラがある」。そんな噂が飛び交う。つまり、飛ばしの密室処理に関わっていた役員は残り、飛ばしは清算したほうがいいと主張していた役員は左遷されたというのだ。そんな中で迎えた創業100周年、社内の気勢は一向に上がらなかった。

この頃、野村証券と第一勧業銀行の総会屋への利益供与事件が世間を騒がせていたが、山一証券も同様の供与が疑われはじめた。7月30日には、山一証券本社に東京地検の強制捜査が入り、経営陣の退陣を求める声が高まる。

8月11日、山一証券は臨時取締役会を開催し、野沢正平が社長に選任された。それまでの山一証券の社長は、植谷久三、横田良男、行平次雄、三木淳夫とみな〝本社育ち〟だった。したがって、リテール（個人営業）畑出身の専務取締役で大阪支店駐在の野沢正平社長の誕生は、それまでの山一証券では、想像すらできない異例人事だった。

この営業出身の野沢社長の誕生は、表面的には行平会長の推薦になっているが、裏では後述するように、大蔵省の意向が働いていた。同時に、新会長には五月女正治が選出された。これらの事情について何も知らされていない山一社員の中には、この異例の人事に疑問を持つと同時に、危惧を抱いた者が多かったといわれる。

野沢は、山一証券に1964（昭和39）年に入社し、96年4月に専務取締役大阪支店長に昇格。97年8月11日に代表取締役社長になった。しかし、野沢は社長就任当時、2600億円もの簿外債務の存在を知らされておらず、それを知ったのは8月14日だったという。企画担当の藤橋忍常務から多額の簿外債務の存在を知らされた野沢は、愕然（がくぜん）として腰を抜かしたと伝えられる。

97年9月の中間決算は、四大証券の中で、山一だけが経常損益が赤字に転落している。

そして9月24日、総会屋の小池隆一に約1億7000万円の利益供与をした件で一斉捜査を受け、前社長の三木が商法・証券取引法違反容疑で逮捕される。

この一連の総会屋への利益供与事件は、6月29日に第一勧銀に飛び火し、第一勧銀の宮崎邦次（くにじ）会長が自殺した。第一勧銀は100億円超を総会屋に無担保融資していた。宮崎は東京地検特捜部の取り調べを受けた後、逮捕を目前に自宅で首を吊ったのだ。

銀行への影響を最小限に食い止めるために自らの命を絶つという、経営者としてももっとも厳しい道を選んだといわれた。

このような状況下で、11月6日には、米格付け機関のムーディーズが、山一のネガティブ・ウォッチ（格付けを引き下げる方向で見直すこと）を発表。山一証券の株価は急落し、倒産企業の株価水準といわれる危機ラインをも下回った。

11月11日、メインバンクの富士銀行から、融資依頼に対する厳しい回答を受け取る。富士銀行の融資の上限は２５０億円で、それも他行の同調融資の総額が８００億円になることが条件となっていた。

山一の野沢社長はその回答を聞かされ途方に暮れたが、その3日後の11月14日夕方、大蔵省の長野厖士（あつし）証券局長を訪問する。長野局長との面談内容については、後で詳述するが、その5日後の11月19日には、大蔵省からさらに厳しい指摘を受けることとなる。

山一証券の社内では、それを機会に連日のように取締役会で対応策が議論された。その最中、11月22日付の日経新聞朝刊に「山一証券自主廃業へ」の文字が大きく躍った。同日10時、長野証券局長も記者会見で、同趣旨の発表をした。

「山一証券に、２０００億円を超える簿外債務が存在する疑いが濃厚となった。経営問題については、次の営業日までに結論を出してほしい」

そしてついに11月24日。この日は勤労感謝の日の振替休日であったが、朝の6時から臨時取締役会が行われ、「飛ばしの含み損が11月21日現在で、２６４８億円あること」が確認され、「自主廃業」が決議された。

6時という早朝に取締役会を開催したのは、海外市場との関係だった。日本時間で午前10時30分に、香港市場とシンガポール市場がオープンするので、その前に結論を公表する必要があったのだ。同じ年に本社を移していた東京・新川の茅場町（かやばちょう）タワーの周囲は、１００人を超える報道陣でごった返していた。

その取締役会決議の直後に、あの有名な野沢社長の、東京証券取引所での記者会見が行われたのだ。

筆者は当時、号泣会見をテレビで見ながら、社長という立場にある経営者は、どんな事情があるにせよ、公衆の面前で涙を見せるのはいかがなものかと感じたことを思い出す。しかし、最近では、日本の金融危機を象徴する場面として、国内外で繰り返しこの「号泣場面」が報道されるのを目にすると、野沢は〝平成の記憶に残る一コマ〟を演出した、秀(ひい)でた経営者だったと感じるようになった。

自主廃業発表の記者会見で、質問に答えながら涙を見せる山一証券の野沢正平社長
（写真提供：共同通信社）

野沢は、あの号泣には、二つの意味があったとテレビ会見で述懐している。

「一つは（7割は）、社員に対しての申し訳ないとの思いであり、もう一つは（3割は）、社長として会社を救えなかった悔し涙だった」

このようにして、翌年の1998（平成10）年3月までに、7700人ほどの社員が山一証券を去り、四大証券の一角は姿を消すことになった。

山一破綻の最大の原因は歴代の社長人事か

山一証券の破綻の原因としては2600億円の簿外債務が指摘できるが、同時に筆者には、他の四大証券との違いがいくつかあったように思われる。

その一つが、社長人事である。野沢の社長就任は「異例人事」と前述したが、それまで、山一の社長は「本社勤務の東大卒か一橋大出身しかなれない」といわれていた。しかし野沢は、法政大学出身で、リテール畑の叩き上げだ。大蔵省の意向は、「補塡問題」「飛ばし」「総会屋への利益供与問題」等と直接関係なく、「簿外債務の事実を知らない」ことが後継社長の主要条件だったのだ。

山一では、1965（昭和40）年の経営危機の際に、興銀から日高輝を社長として迎えたことがあるが、その後はまた生え抜きの植谷久三が社長になり、それを継いだ横田良男、行平次雄、三木淳夫までの社長は、本社の企画畑や事業法人出身だった。ちなみに、植谷、横田、三木は東大卒、行平は一橋大卒だ。しかも、植谷を継いだ横田は、植谷の投信部時代の部下だったし、行平もまた横田の部下で、そこに新人として入社したのが三木だった。

山一では、リテール部門から社長になるチャンスはないといわれており、それが、他の四大証券と違っていた点の一つだと指摘されている。

例えば、野村証券では、田淵節也社長を継いだ田淵義久はリテール部門出身だったし、大和証券では、菊一岩夫社長も、その後を継いだ土井定包もリテール部門の出身者だった。社長の椅子を、一部の派閥で「たらいまわし」にするようなことはなかったのだ。

山一にもかつて、この「社長人事のたらいまわし」を阻止しようとする動きはあったといわれる。横田社長時代に、筆頭副社長であった成田芳穂ら反主流派が、リテールを強化したい営業部門の若手に担がれていた。しかし、その芽を摘もうとした主流派と全面抗争となった結果、一掃されてしまった。

後継社長の指名権は、通常、社長が持っており、その選択基準には二通りあるといわれる。一つは「誰を後継社長にしたら、会社にとって最善か」という観点での選任であり、もう一つが「誰を後継者にしたら自分にとって居心地がよいか」である。

野村証券は前者の流れであり、山一証券は後者の例だといわれた。山一証券ＯＢで、ソニー・ファイナンシャルホールディング社長を務めた石井茂の著書『山一証券の失敗』の中に、次のような一節がある。

「山一証券を振り返ると、どうしてその人物をそのポジションに着（原文ママ）けてしまったのかという疑問が浮かぶことが多い。その時々の巡りあわせや事情があるにしてももっと大きな視点から判断すれば適材適所に近づけたのではないかと残念に思う。（中略）人事は経営の最大のメッセージでもある」

石井は山一のＯＢとしての立場から、それ以上の具体的な内容は書けなかったのであろうが、文脈から、歴代の社長人事について言っているのは明らかだ。

野沢社長が就任したとき、山一は経営危機の真っただ中だったが、新経営陣は、廃業という選択肢は考えていなかったといわれる。実際に、当時の山一は、債務超過ではなかった。４４００億円の自己資本があり、２６００億円の簿外債務を差し引いてもなお、１８００億円の資産が残る勘定だった。野沢は、事業を縮小してでも社員のために会社を存続させる方針だったとされる。

野沢が、膨大な簿外債務の存在を知ったのは、前述したように、社長就任の3日後の１９９７（平成9）年8月14日だった。それ以前に簿外債務の存在を知っていたのは、行平会長、三木社長、白井隆二（りゅうじ）副社長、石原仁（ひとし）副社長の4人だけだったといわれる。

こう見てくると、破綻の一つの原因として、他の四大証券とは異なる経営者の人事問題があったのではと思えてくるのだ。

「飛ばし」を大蔵省が黙認していた？

とはいえ、破綻の直接的原因は、違法な「飛ばし」の存在である。2600億円という多額の簿外債務とは、すなわち、飛ばしである。これには、バブル時代に利回り保証で集めたファンドが関係している。「損失補塡問題」の項で述べたように、証券業界には「にぎり」「飛ばし」が横行していた。

当時の証券界には、「ヘドロ」という言葉があった。それは、利回り保証（にぎり）をした結果のファンドの含み損からの回復の見込みのないものを意味した。そのようなヘドロを、証券会社は、一時的に他社に「飛ばし」ていた。しかし、飛ばしたまま置くことはできないので、いずれ買い戻さなければならない。

最初は、決算期が迫った顧客の含み損のある営業特金を決算期が異なる別の顧客に転売し、それを決算期が過ぎた後に買い戻したりしていた。しかし、そのような方法では処理できなくなり、「簿外債務」として海外子会社に隠蔽（いんぺい）するようになっていった。証券取引法上の違反行為である。

山一証券の飛ばしの発端は、証券業界が損失補塡問題で揺れていた1991（平成3）年にさかのぼる。第2章でも触れたが、当時の大蔵省の証券局長・松野允彦（のぶひこ）が、山一証券の三木副社長に東急百貨店の損失補塡問題で相談した際に、こんな発言をしている。

「東急百貨店からの依頼はどうするのですか。大和証券は、損失を海外に飛ばしているようですよ」

これを聞いた三木は、飛ばしを大蔵省が黙認していると思った。そして同年11月、山一社内に「債務隠しチーム」が結成された。

そのチームを指揮したのは、法人営業本部担当副社長の延命隆（えんめいたかし）だった。１９９２年６月に行平次雄からバトンタッチされて社長になった三木も、１９９７年８月に総会屋への利益供与で引責辞任するまで、飛ばしを続けることになる。

筆者は、行平も三木も長年の付き合いでよく知っていた。行平は、筆者が委員長をしていた証団協で、若い頃に専門調査委員として出向してきていた関係もあって、証団協の部屋にときどき立ち寄ってくれていた。三木とは、筆者が大和証券の社長室長時代に、四大証券のＭＯＦ担の会合で、月に一度は顔を合わせていた。

行平と三木の性格は対照的で、行平がすべてを自分で決めるタイプなのに対して、三木は東大生の頃から社交ダンスが趣味であったように、やさしさがにじみ出ていて、あまり自己主張しない従順さを持っていたように思われた。

筆者は、野村証券の役員と話しているとある種の緊張感を覚えたものだが、三木とは友人のような雰囲気で会話ができた。

行平は、会長になってからも最終決済は自分でしていた。実際に、三木が社長になったら退任するはずだった年長の役員が、同期も含めると5人（副社長4人、専務1人）も残っていたのは、行平の影響力が及んでいた証左ともいわれた。このあたりの事情は、三木社長の衆議院予算委員会の参考人としての発言からもうかがえる。

「（損失隠しは）行平さんと担当の延命副社長のところで決まっていた。そこで決まると、あえて異を唱えるには勇気がいります」

大蔵省は、山一証券の飛ばしの実態を、直前まで正確には把握していなかったように思われる。1993（平成5）年2月の山一証券の大蔵省検査は、飛ばしに関する検査でもあったため、検査期間が9か月にも及ぶ異例の長期間となった。

三木社長は同年6月に、松野允彦の後任の小川是（ただし）証券局長に次のように言われている。

「3か月の時間をあげるので、四大証券の枠にとらわれずに、再建計画を9月末までに策定してください」

この段階では小川局長は、簿外債務の実態を詳細には把握していなかったと推測できる。一方、同年12月に山一証券から日高壮平証券局長に提出した「経営改善計画について」でも、飛ばしに関しては一切触れられていなかった。なお、この間に、証券局長は小川から日高に交代している。

山一証券の飛ばしの噂は、1995（平成7）年頃から表面化していた。そして、97年4月

21日付の『週刊東洋経済』に山一の飛ばしを指摘する記事が掲載された。

その後、日高から証券局長を引き継いだ長野厖士（あつし）が事態を正確に把握したのは、野沢社長と面談した翌日の97年11月15日だったとされる。そして、11月22日午前10時からの記者会見での「山一証券には、２０００億円を超える簿外債務が存在する疑いが濃厚となった」との発言につながった。

山一証券の自主廃業について、当時、山一証券千葉支店の副支店長だった永野修身（おさみ）は次のように振り返っている。

「山一自身の責任がもっとも大きいのはもちろんだが、金融再編のための〝犠牲の羊（スケープゴート）〟になった面もある」（『夕刊フジ』２０１８年1月1日付）

また、債券トレーディング部で課長を務めていた伊井哲朗は、こう述べている。

「本当の意味で顧客や社会に支持されていなかったから（山一は）潰れた」（『ブルームバーグ』２０１７年11月24日付）

山一証券は、「法人の山一」「人の山一」といわれ、証券界の第一人者だった時代もあり、証券業界では「山一証券はとくに働きやすい会社」といわれていた。

筆者は、証団協の委員長という立場上、四大証券会社（野村、山一、日興、大和）経営者や幹部社員との会合に出席する機会が多かったが、山一証券の関係者がもっとも紳士的で、穏やかな印象を受けた。いずれにしても、そのような多くの人に愛された会社が姿を消すことになったのだ。

「支援する」と言った大蔵省が豹変したわけ

次に、大蔵省の山一問題への関与について振り返ってみたい。

当時、山一証券は、短期の資金を調達するコール市場での借り入れもできない状態であり、メインバンクの富士銀行に融資を申し入れたが、富士銀行の対応は前述したように冷ややかなものだった。そのような中で、1997年11月14日午後5時頃、野沢正平社長と藤橋忍経営企画室担当常務が、大蔵省に長野厖士証券局長を訪ねた。

当時の大蔵省は、現在のような守衛によるセキュリティーチェックもなく、自由に出入りすることができた。証券局長や個室に入っている総務課長、証券業務課長以外であれば、自由に机の前まで近づけた。

その日も、野沢と藤橋は大蔵省の中庭に車を止めて、証券局があった4階まで誰にも呼び止められることなく上がっていった。証券局長室に入った野沢社長は、少し緊張気味だったという。野沢は、持参したメモを見ながら、長野局長にリストラ計画などを説明した。それに対し、長野証券局長は、眉間にホクロのある威厳のある顔で、こう言ったといわれる。

「もっと早くお見えになると思っていました。山一証券は、三洋証券とは違うので支援してあげます」

大蔵官僚には、独特の言い回しがあり、時には禅問答のような場合がある。決して、上から目線の高圧的な言い方はしない。この〝あうん〟の呼吸は、MOF担経験者でないと理解できないかもしれない。

例えば、長野証券局長が野沢社長に言った最初の言葉、「もっと早くお見えになると思っていました」は、裏を返せば「何をもたもたしてたんだ。もっと早く来てくれれば、富士銀行からの借り入れなどについても、いろいろと相談に乗ってあげられたのに」と、解釈できる。

長野証券局長と会談した後、野沢社長は藤橋常務と一緒に山一への帰りの車中で笑顔を見せていたという。野沢は山一に帰ると、幹部社員に「大蔵省は、当社を助けてくれるぞ」と喜んで伝えた。

しかし、その5日後の19日、野沢社長は再度、長野証券局長を訪問したが、長野局長の態度は一変していた。

「感情を交えずに淡々と言います。検討した結果、自主廃業を選択してもらいたい」

その夜、証券局幹部ら10人ほどが長野局長室に集合した。結論は、11月20日と21日は株式市場が開いているため、連休に入ってから、山一証券の自主廃業を発表するというものだった。

そして山一は、11月24日に自主廃業を決議することになる。

ここで一つ疑問が生じる。5日間という短期間に、なぜ大蔵省の態度が豹変したのかという点である。

その原因の一つとして考えられるのは、日銀の予想以上の厳しい姿勢だった。

当時の大蔵省の山一問題の主役は、長野証券局長であり、それを補佐したのが小手川大助証券業務課長だった。小手川課長は、頭の切れる証券局のエースである。その小手川が、山一問題について日銀とのやりとりの窓口になっていた。後に、小手川は「日銀とも話していたが、救う手立てはなかった」と語っている。

一方、山一では、五月女正治会長が主に日銀に事情説明に通っていた。日銀側の対応は、山一が考えていたより、はるかに厳しいものだった。

「個別の金融機関・証券会社の危機と、金融システムの危機は違う」「簿外債務、飛ばしという違法行為が存在する限り、日銀特融はできない」というのが日銀の基本スタンスだった。

長野証券局長が、11月14日、野沢社長に「山一は三洋証券と違うので、支援します」と言っていたときには、大蔵省は、山一証券倒産の影響の重大さ、金融システム危機を認識していて、真剣に救済を考えていたと推察できる。

そのときの長野局長の頭の中には、1965（昭和40）年に田中角栄蔵相が発動した「日銀特融による全面救済」のシナリオが描かれていたのではないだろうか。しかし、簿外債務や飛ばしという違法行為が発覚したことで、大蔵省としても日銀を説得できなかった。小手川証券業務課長の「含み損にもいろいろあるので、まさか違法行為をしているとは思わなかった」との発言からも、それは推察できる。違法行為があるところには日銀特融はできない、という厳しい姿勢を日銀が貫いたのだ。

ここで少し触れておかなければならないのは、日銀と山一証券との関係である。日銀に、証券会社に対する検査権はない。しかし、山一だけは例外だった。山一証券が、65年の破綻危機に際し、日銀特融を受けた時点で「日銀に対して、必要に応じて状況を報告すること」が義務付けられたからだ。そのため山一は、五月女会長、野沢社長体制になってからも、日銀に対して連日のように状況報告をしていた。

じつは大蔵省より日銀のほうが、山一の飛ばしや簿外債務などの実情をより詳細に把握していたのではないかと筆者には思える。しかし、今となっては真実は闇の中である。

山一破綻の最終決定に関わっていなかった橋本総理

山一は、欧州でM&A（合併・買収）の仲介や債権引受業務などの銀行業務も手掛けていたので、何がなんでもデフォルトの発生は回避しなければならなかった。簿外債務や飛ばしという違法行為が判明したからには、裁判所も会社更生法は受け付けなかったであろうし、証券取引法に基づく自主廃業しか選択肢は残っていなかったと考えられる。

当時、山一の大蔵省との折衝は、藤橋常務が中心となっていて、長野・野沢会談の３日後にも、藤橋は大蔵省・証券業務課の小手川課長と話し合っていたという記録も残されている。

長野局長が最終的な決断をしたのは、11月19日と考えられる。その日に、長野証券局長は三塚博大蔵大臣に報告すると同時に、野沢社長に通告したのだ。山一証券の幹部も、19日に大蔵省から「自主廃業という選択肢は可能性の高いオプション」との連絡が入っていたことを認めている。

ここで、多少疑問として残るのは、当時の橋本龍太郎総理がどれだけこの山一問題に関与していたか、である。

橋本は、長野局長から経過の説明は受けていたといわれるが、最終判断にはあまり関わっていなかったのではと思える節がある。それは、山一破綻の前日の１９９７年11月23日に行われた「行政改革」の総理記者会見で、記者側から「山一自主廃業」についての質問が飛び出した際に「ちょっと待ってくれよ。正確な情報を知らないから、正確に答えられないんだ」と答えていることからも推察できる。

実際に、橋本は、その前日の11月22日の深夜まで、行政改革についての党内調整に翻弄されていた。やっと調整ができて、翌23日早朝の２時過ぎに記者会見に臨んだのに、記者の関心は、同日の日経新聞朝刊の「山一自主廃業」だったのだ。

橋本は、ＡＰＥＣ（アジア太平洋経済協力）の首脳会議に出席するために、その日のうちにカナダへ飛び立った。会場で外国の首脳から「日本経済は大丈夫か？」と聞かれて、初めて事の重大さを認識したといわれている。

これらのことを総合すると、「山一証券の自主廃業」の決定は、長野証券局長が、諸般の事情を勘案して決断したように思われる。違法行為があるところには、日銀特融も会社更生法も適用できないとすれば、自主廃業の道しか残されていないという判断だ。

その瞬間を社員はどう受け止めたのか。前出の永野修身は、著書『山一證券復活を目論む男の人材力』（河出書房新社）に次のように記している。

11月24日、APEC非公式首脳会議出席のためバンクーバーへ向かう機上で、山一証券の自主廃業について同行記者団と懇談する橋本龍太郎総理（ロイター＝共同）

「……それは土曜日の早朝。正確には、1997年11月22日の朝だった。（中略）電話の向こうから聞こえてきたのは、本社営業部長の声だった。

『おい、山一がつぶれたぞ』

『つぶれた？――どういうことですか？』

『自主廃業だ。今、日経のネットニュースに配信された』

文字通り、寝耳に水だった」

このような経緯で、負債総額6兆7000億円、預かり資産24兆円の巨大証券会社は、創業100年という節目の年に、この世から姿を消すことになったのだ。

野村、日興、大和にも危機は迫っていた

山一証券が姿を消した1997（平成9）年、他の四大証券会社、野村、日興、大和もまた危機に直面していた。いずれも損失補填、飛ばし問題、総会屋への利益供与や接待疑惑などの問題を抱えていた。

野村証券では、総会屋に対する利益供与事件の責任をとって酒巻英雄社長が辞任。その後任社長人事で大蔵省とぎくしゃくした関係が続き、結局、専務以上の代表権を持つ役員が全員辞任し、米国野村の社長で一連の不祥事に関係がなかった氏家純一が社長に就任したことは第2章で述べた。

かつて筆者が在籍した大和証券もまた、さまざまな問題を抱え苦しんでいた。それを救ったのが、原良也社長、清田瞭副社長、日比野隆司プロジェクト・チーフだった。

プロジェクト・チーフとなった日比野は、筆者が大和証券の社長室長のときの部下だった男

だが、その能力は高かった。若い頃から大物の雰囲気があり、かといって偉そうな素振りを見せるでもなく、周囲に愛される好人物だった。

当時の大和証券の原社長、清田副社長から日比野へ下された指令は、「このような危機状態の中で、大和証券が社会から信頼を回復し、会社としての生き残り策を描くこと」だった。

「このような危機状態」とは、どういうことか。

当時は、総会屋への利益供与問題で証券大手四社の経営陣がすべて退陣し、大和証券にも強制捜査が入るという異常事態だった。証券界全体でも逮捕者が出たし、ある大企業の財務担当役員が、暴力団に襲撃されたりした。「次に狙われるのは大和か」との噂も流れ、大和証券の役員の中には防弾チョッキを着用していた者もいた。大和証券の株価も急落していた。まさに危機状態だったのだ。

日比野と部下3人のプロジェクトチームは、「タコ部屋」と呼ばれた狭い会議室にこもって、日夜懸命に知恵を絞った。

このような中で、日比野プロジェクトチームの喫緊の課題は、「格付け対策」である。当時は、格付け機関による企業の格付けが非常に重視され、一定水準以下の格付けになると資金調達にも支障をきたし、破綻することもあった。

当時、アメリカの大手格付け機関ムーディーズによる大和証券の格付けは、BBB－（トリプルBマイナス）だった。このBBB－というランクは、投資適格の最低限に当たる。これより下がると、「著しい信用リスクと投機的要素」があり「短期負債を返済できる能力」はないという評価になる。資金の借り入れも困難になりかねない。

しかも、そのときムーディーズは、大和証券に対し「ネガティブ」を宣言していた。これは、さらなる格下げを検討中という意味で、企業としては死刑宣告に等しい。なんとしてでも阻止しなくてはならなかった。

清田副社長の指揮の下、日比野をリーダーとする4人のサムライは、昼夜を厭(いと)わず「ムーディーズへの説明資料」の作成に注力した。当時の状況を日比野は、次のように回想している。

「今から20年ほど前の夏。暑かったのかどうかさえ覚えていません。がむしゃらでした。タコ部屋で記憶にあるのは、書類の山と、よく食べた宅配のピザの匂いぐらいでした」

数週間をかけて、３００ページのムーディーズ向けの英文資料が完成した。１９９８（平成10）年9月、その資料をもとに、ムーディーズへのプレゼンテーションが行われた。

そして１か月後に出された審判は、ネガティブからステイブル（安定的）に修正。つまり、「現在の格付けを維持する」。格下げは回避されたのだ。原社長から「清ちゃん頼むよ」と任された清田副社長と、プロジェクトチームを率いた日比野らの努力により、大和証券は救われたのだ。

長銀を蝕んだＥＩＥとは

１９９７（平成９）年は、山一証券をはじめ、三洋証券、北海道拓殖銀行など大型破綻が相次いだことで人々の記憶に残る年だったが、金融システムの崩壊はそれにとどまらなかった。翌98年、今度は日本長期信用銀行と日本債券信用銀行という、長期資金の供給を専門とする二つの大手銀行が破綻する。

両行とも「長期信用銀行」として影響力の大きい都市銀行で、負債額は長銀３兆５０００億円、日債銀２７００億円と、それまでにない大規模な破綻となった。バブル崩壊による地価暴落、不動産関係やノンバンク向け融資の不良債権化など、破綻に至る経緯は酷似していた。

長銀は、１９５２（昭和27）年に設立され、日本の高度成長期を支えてきたが、バブル期に不動産関連融資を拡大したことで、後に多額の不良債権を生む原因となった。長銀が抱えることになった不良債権の中でも、ＥＩＥ（イ・アイ・イ・インターナショナル）に対する３８００億円がもっとも大きく、致命傷となった。破綻後の処理を担った安斎隆（あんざいたかし）頭取も、「長銀にとっては、ＥＩＥへの深入りが経営を悪化させた最大のミスだった」と述べている。

長銀を破綻させたＥＩＥとは、どのような企業なのだろうか。

ＥＩＥ代表の高橋治則（はるのり）は「太平洋のリゾート王」と呼ばれ、一時は飛ぶ鳥を落とす勢いで、アメリカの不動産王ドナルド・トランプの10倍の資産を持つともいわれた。移動には専ら自家用飛行機を使った。それも自家用機としては一般的な小型ジェットではなく、ボーイング７２７である。内部はラグジュアリー・ホテルのように豪華に改装されていたという。

高橋は、この自家用機に大蔵官僚、銀行幹部、さらにはＩＢＭをはじめとした大企業の幹部たちをのせ、海外のリゾートに招待して接待した。香港、ハワイ、オーストラリアに自ら買収したリゾートホテルを所有していたのだ。

ＥＩＥは、１９８４（昭和59）年のバブルの初期から89年までの4年間で、１兆５０００億円まで銀行借り入れを膨らませていた。高橋は、東京協和信用組合の理事長にも就任し、リゾート開発の基幹銀行のように利用していた。

1995年3月、衆院予算委で証人喚問に臨むEIEインターナショナルグループのリーダー・高橋治則
（写真提供：共同通信社）

バブルが弾けて多額の負債を抱えると、ＥＩＥは長銀の管理会社となり、高橋は１９９５（平成7）年に逮捕された。ジェットコースターのように頂点と奈落を行き来した高橋の人生は、まさにバブル

期の熱狂を象徴しているように思える。

ちなみに、この〝長銀をつぶした男〟高橋治則の兄は、２０２２（令和４）年、東京五輪がらみの贈収賄容疑で逮捕された電通元専務、五輪組織委員会元理事の高橋治之である。

長銀を救うべく奮闘した二人のキーマン

高橋治則が逮捕されると、ＥＩＥへの過剰融資の責任をとる形で、長銀の堀江鉄弥頭取が辞任。行内で「国際派のエース」と呼ばれた大野木克信が後を継ぎ、再建が託される。

しかし、１９９８（平成10）年6月に月刊誌『現代』が長銀の経営難を報じると、信用不安は一気に高まった。大野木は、興銀や第一勧銀との合併も模索したが、うまくいかない。そこで浮上したのが、住友信託銀行との合併だった。一時は、高橋温住友信託銀行社長もその気になっていたといわれている。

98年8月20日、高橋温社長は、当時の小渕恵三総理に呼び出された。一民間企業の合併問題に総理大臣が乗り出すのは異例のことである。そこには、小渕総理の他に、宮澤喜一大蔵大臣、野中広務官房長官、日野正晴金融監督庁長官などが同席した。経営危機が迫っていた長銀との合併を促されたが、高橋は、終始慎重な姿勢を貫いた。

筆者の勤務していた大和証券と住友信託銀行は、親戚付き合いのような関係にあったので、筆者も高橋と何回か会ったことがある。聡明、慎重、まわりの意見をよく聞き、独断先行はしないタイプの経営者。それが高橋の印象だ。

高橋が、首を縦に振らなかったのには、いくつかの理由があったように思われる。

一つは、副社長をはじめ他の経営トップがみな反対だったということ。もう一つは、すでに長銀との合併の噂が流れていて、住友信託銀行の株価が下落していたこと。この二つが大きかったのではないだろうか。

会談では、小渕が口火を切った後は、主に宮澤が話をリードし、野中、日野は、ほとんど口をきかなかったとされる。宮澤の説得にもかかわらず、高橋社長は最後まで「一私企業として、株主や投資家にも配慮しなければならないので」などと慎重な発言に終始した。この結果を受けて、宮澤は「住友信託銀行との合併も断念せざるを得ず」、ひいては「長銀を存続させるシナリオは消えた」と考えたのではないだろうか。

一方で大野木は、スイス銀行との業務提携による経営の立て直しを画策していた。しかしスイス銀行は、突然その業務提携を反故（ほご）にし、市場で長銀株を大量に空売りした。これをきっかけに、長銀の株価は、２００円前後からあっという間に50円を割り込み、経営危機につながった。大野木は、98年9月に長銀頭取を退任する。

同年10月、小渕総理は「金融再生法」および「金融早期健全化法」を、野党案を丸のみする形で成立させる。それは、破綻した金融機関は原則として清算するが、金融システムに重大な影響を及ぼす金融機関は国有化するという内容だった。

長銀は「金融再生法」の施行日である10月23日に、この特別公的管理を申請し破綻。8兆6053億円の公的資金が注入された。6月に長銀の危機が表面化してから、4か月に及ぶ迷走の終着点だった。

その後、長銀は国の管理下に入り、頭取として日銀理事であった安斎隆が就任する。安斎は、信用機構担当理事として金融システムの安定に責任を持つ立場だった。安斎が当時の速水優日銀総裁に呼ばれ、長銀頭取就任を告げられたのは、10月に入ってからだったという。

長銀の大野木元頭取以下3人は逮捕された。98年3月期決算で、関連ノンバンクなどの不良債権を処理せず、損失を約3100億円も少なく記載したり、利益がないにもかかわらず約71億円を違法配当したりした有価証券報告書の虚偽記載の罪に問われた。

裁判は長引き、東京地裁と東京高裁では有罪判決が出た。しかし、長きに及ぶ法廷闘争の末、最高裁で全員が無罪となった。

長銀のために奔走した二人のキーマン、大野木と安斎を、筆者はよく知っている。

大野木とは、1980年頃、大野木が長銀ロンドン支店、筆者がヨーロッパ大和に駐在していたとき以来の付き合いだった。大野木は、東大農学部を首席で卒業し、卒業式では総代を務めるほどの秀才で、英国文学にも造詣が深かった。優しげな顔だちで、大手証券会社の人間のように権謀術数を使うようなタイプには見えない。誰からも慕われ、信頼されていて、彼を悪く言う者は一人もいなかったように思えた。

彼のような人物がこのような過酷な人生を歩まざるを得なかったのは、運命のいたずらとしか思えない。その大野木も、２０１７年にこの世を去った。

安斎とは、日銀時代から千葉県の万木城（まんぎじょう）カントリーでゴルフをしたり、食事を一緒にしたりしていたので、ある程度気心は通じていた。人懐こくて、福島なまりが残った多弁家で、面白い人物という印象だった。

安斎の長銀頭取就任にあたっては、あの正義感の強い安斎ならその責務を立派に果たすだろうと思ったのを思い出す。その後、安斎は、セブン&アイホールディングスの鈴木敏文（としふみ）の依頼を受けてセブン銀行の社長になり、幾多の実績を残した。

長銀処理の裏側で不可解な売却が起きていた

長銀の処理にあたって、大蔵省は、コンサルタント会社として米国のゴールドマンサックスを採用する。そして、同じく米国の企業再生ファンド、リップルウッド・ホールディングスなどからなる投資組合ニューＬＴＣＢパートナーズに10億円で売却された。

この取引には、筆者も腑に落ちない感を抱いた。8兆円以上もの公的資金（税金）を注入しておきながら、なぜ10億円という考えられない低価格なのか。競争入札で日本の金融機関（中央信託・三井信託連合）も手を挙げていたのに、なぜ、アメリカの再生ファンドなのか。

政府がリップルウッドを選んだ背景には、譲渡時の公的負担が少なくてすむという思惑と、外資主導の経営改革で、わが国の金融に新しいビジネスモデルを持ち込んでほしいとの期待感があったといわれる。しかし、当時のサマーズ米財務副長官が、同ファンドのトップと旧知の仲だったことが作用していたのではないかという噂もあった。

長銀は、2000（平成12）年6月にその名称を「新生銀行」に変更する。しかし、その新生銀行は現在でも、注入された公的資金を返済していないことを考えると、やはり腑に落ちない点が残る。その後、リップルウッドは新生銀行の売却で、5000億円以上の売却益を得たといわれた。筆者だけではなく、金融界にはこの処理方法に疑問を抱いた人が多く、リップルウッドの売却については、いくつかの問題点が指摘されている。

その一つは、この売却が外資優遇ではないかという点だ。さらに、リップルウッドとの契約にある屈辱的な「瑕疵担保特約」などの存在を指摘した関係者も多かった。

瑕疵担保特約とは、「買い手が資産を譲り受けた後に予期せぬ損失が発生した場合には、わが国がそれを負担する」というものである。具体的には、「長銀の譲渡から3年以内の間に、取引先企業の倒産などにより債権の価値が2割以上減ったら、銀行が政府に帳簿価格で債権の買い取りを求めることができる」のだ。

また、当時の金融再生委員会は、「ファイナンシャル・アドバイザー」としてゴールドマンサックスを採用していたが、そのアドバイザー料が100億円を超える超高額であったことにも批判が多かった。

この場合、ゴールドマンサックスは、長銀側のアドバイザーであるから、売り手である長銀に有利な条件で譲渡契約を結ぶのが責務である。それなのに、買い手であるリップルウッドに有利な瑕疵担保特約を認めたのには疑問が残る。これは、後に新生銀行の取締役に就任したクリストファー・フラワーズが、ゴールドマンサックスの元共同経営者であったからではないかとも噂された。元長銀の幹部が、「まったくの出来レースで、不良債権ビジネスに疎いわが国が手玉に取られた」と嘆いていたのが耳に残る。

さらに、この瑕疵担保特約を有利に行使するために、新生銀行は、そごう、マイカル、第一ホテルらに対して、貸し渋りと強引な貸しはがしを続けた。そして、それら企業を破綻に追いやったうえ、総額8900億円を政府から引き出したと批判された。この瑕疵担保特約は、リップルウッド側にあまりにも有利だったのではないかと、国会でも問題になったが、後の祭りだった。

こうした一連の取引の裏には、日本のさる有力者の介入があったのではと疑われるほど、わが国の歴史に汚点を残す不透明な売却だった。

新生銀行は、現在でも国から注入された公的資金を返済できていない唯一の大手銀行だ。現在でも、約3500億円が未返済として残っているとされる。国が損失を出さずに保有株を売却するには、新生銀行の株価が7450円である必要があるが、現在の株価は、それには遠く及ばない水準である。

だが新生銀行は、最近、SBIホールディングスの傘下に入ったので、近い将来、公的資金は返されるのではと期待されている。

「やまぬ雨はない」と語った、最後の日債銀頭取

長銀破綻の51日後に、今度は日債銀が破綻した。

日債銀は、1957（昭和32）年に日本不動産銀行として設立され、77年に日本債券信用銀行に行名変更された。バブル崩壊により不良債権問題が浮上すると、1993（平成5）年、大蔵省の大物OBで国税庁長官も務めた窪田弘（くぼたひろし）が頭取に就任し、実質、大蔵省の管理下に入った。バブル時代の経営の尻拭いをさせられた窪田も、ある意味で不運だったといえる。

1997年2月19日、米格付け会社ムーディーズが、日債銀の長期格付けを「引き下げの方

向で見直す」と発表した。大蔵省銀行局が日債銀対策の検討を始めたのは、同年2月下旬頃だった。中央信託銀行との合併も模索されたが、結局は実らず、大蔵省は最終的にハードランディング路線を選択する。

1998年12月13日、長銀と同様の金融再生法36条に基づく特別公的管理の開始を決定し、日債銀は破綻した。その後、日債銀は、ソフトバンク、オリックス、東京海上火災保険や地方銀行などから構成される国内投資家グループに売却され、2001（平成13）年1月には名称を「あおぞら銀行」と変更した。

窪田は、日債銀破綻の翌年の1999年7月に証券取引法違反で逮捕され、2004年5月に東京地方裁判所で、懲役1年4か月の実刑判決を受けた。しかし、最終的には、2009年12月に最高裁で2審判決が差し戻され、2011年に無罪が確定した。同時に、窪田を継いで日債銀の頭取を務めた東郷重興（とうごうしげおき）（元日銀国際局長）も無罪を勝ち取った。

窪田は、あるとき、当時の秘書に「俺は本当に悪いことをしたのだろうか？」とつぶやいたという。一貫して無実を確信していたし、それが最高裁で証明された。しかし、裁判は10年以上もの長い年月を要し、無罪確定後の2013年に窪田はこの世を去った。

筆者は、日債銀会長になった窪田とは面識がなかったが、日債銀の破綻時の頭取を務めた東郷重興とは、日銀の国際局長、理事の頃からの付き合いだった（破綻時、窪田は会長に就任し、頭取には東郷が就いていた）。東郷は誠実な人柄であり、学者肌で何事についても造詣が深く、能弁なので、会っていて学ぶことが多かった。「信条は何か?」と聞いたことがあるが、答えは「やまぬ雨はない」だった。

１９９６年5月の連休明け、当時、日銀国際局長だった東郷は、副総裁の福井俊彦に呼ばれ、「日債銀の再建を手伝ってあげてほしい」と言われた。5月22日に顧問として着任し、早々に窪田頭取に事情を聞くと「要するに、金がないんだ」と言われたという。

96年は、金融危機の予兆の年で、日債銀の金融債も売れず、預金も集まらなかった。そのような環境下で窪田頭取は、97年4月に２９００億円の増資と４６００億円の不良債権処理を含む起死回生策を表明する。その２９００億円の「奉加帳増資」の指揮をとったのが東郷だった。当時の大蔵省小川是次官の支援もあり、なんとか達成することができた。

その後、東郷は、１９９７年6月の株主総会で副頭取になり、8月に頭取に昇格した。日債銀の再建に明るさも見えた時期もあったが、同年11月に事態は急暗転する。東郷は中央信託銀行との合併も模索したが、12月に入り、一部のマスコミがそれを報道したことも原因となって実現しなかった。

結局、１９９８年10月の長銀の破綻が日債銀にも飛び火した形で、12月に国有化された。東郷も起訴され、無罪が確定するまでに12年を要したが、日債銀の経営者が無罪になったことは、筆者も自分のことのように嬉しかった。

第4章

生き残りを賭けた大改革が始まった

橋本内閣による大蔵省解体と「金融ビッグバン」

1990年代後半に立て続けに起きた倒産劇は、日本の金融界が、もはや大きな変革なくしては生き残れないことを示していた。そして変革への動きは、1996（平成8）年から始動していた。

同年1月5日、時の総理大臣、社会党委員長の村山富市が退陣を表明。その前年に起きた阪神・淡路大地震、地下鉄サリン事件などの対応のまずさを指摘され、村山はすでに求心力を失っていた。これを受けて、1月11日、橋本龍太郎内閣が誕生した。

総理となった橋本は、行政改革、財政構造改革、社会保障構造改革、経済構造改革、金融システム改革、教育改革からなる、「六つの改革」を打ち出した。

このうち、その後の金融界にとくに大きな意味を持つことになる改革は、行政改革と金融システム改革である。

行政改革とは、中央省庁のあり方を見直すべきだとの発想から生まれた省庁再編である。当時の1府22省庁体制は「細分化されすぎ、的確な業務の分担、連携が困難になっている」として、既存の省庁をその機能に応じ半分程度に減らすことを目的に、1996年11月、学者や経済人らをメンバーに橋本総理自らが議長を務める「行政改革会議」がスタートした。この議論で最大の焦点となったのは、金融界に対して絶大な権力を行使していた巨大省庁、大蔵省をどうするかだった。

議論の末、1998年に中央省庁等改革基本法が成立し、総理府・経済企画庁・沖縄開発庁は内閣府に、自治省・郵政省・総務省は総務省に、文部省・科学技術庁は文部科学省に、厚生省・労働省は厚生労働省に統合、さらに建設省・運輸省・国土庁・北海道開発庁は、国土交通省としてまとめられた。

そして大蔵省は、2001（平成13）年、財務省と金融庁に解体されることになる。これについては後に詳述する。

もう一つの重要な改革、金融システム改革は「金融ビッグバン」とも呼ばれる。「ビッグバン」は、宇宙創成時にあったとされる大爆発のことだが、1986（昭和61）年10月に英国のサッチャー政権が、金融制度のドラスティックな緩和や開放を断行した際に、その衝撃の大きさから「ビッグバン」と呼ばれた。これに倣（なら）って、橋本内閣の金融システム改革が「日本版金融ビッグバン（略して「金融ビッグバン」）」と呼ばれるようになったのだ。

当時、不良債権問題などで金融市場に沈滞ムードが漂っていた中、外国金融機関は日本の市場の厳しい規制を嫌って、香港やシンガポールなどへ、アジアの拠点を移しはじめていた。それへの対策として、ドラスティックな規制緩和と開放で活性化を図り、東京市場の地位をニューヨークやロンドン並みに引き上げ、アジアにおける国際金融センターにしようという狙いもあった。

金融ビッグバンは、完成時期を2001年までとし、蔵相の三塚博に指示して「フリー、フェア、グローバル」の理念を掲げ大規模な金融制度改革を進めた。

フリーは「市場原理が機能する自由な市場」、フェアは「透明で信用できる市場」、グローバルは「国際的で時代を先取りする市場」をそれぞれ意味する。具体的には「子会社形式での銀行、証券、保険の相互参入」「株式売買手数料の完全自由化」「東証、大証の電算化と立会場の廃止」「投資信託の販売の自由化」「時価会計の導入」などが検討された。

このうち、「銀行、証券、保険の相互参入」、つまり銀行と証券の垣根の緩和は、「65条問題」の項で述べたように、以前からある程度進められていた。

例えば、いくつかの銀行は、すでに証券子会社を実質的に所有していた。日本勧業角丸証券は第一勧業銀行、菱光証券は三菱銀行の系列だった。住友銀行の系列証券会社である明光ナショナル証券には、国際畑で筆者も親しくしていた岡部陽二（元住友銀行専務取締役）が社長として派遣されていた。また、日本興業銀行も新日本証券と和光証券に社長を派遣していた。

筆者は、当時興銀の証券部長だった杉下雅章とゴルフを楽しんでいたとき、「今度、和光証券の社長になる」と聞かされて驚いたものだ。

金融ビッグバン以前は、銀行の持ち株規制があり、証券会社の株式を直接保有することは許されなかったので、迂回保有の形式で実質的に所有していた。だがビッグバン以降は、菱光証券が「東京三菱パーソナル証券」と社名変更するなど、銀行の子会社であることを明確にするようになる。四大証券の一角をなした日興証券も、2009年に三井住友銀行の傘下に入った。

金融ビッグバンによって実現した施策の中でも、銀行をとくに喜ばせたのが「投資信託の販売の自由化」だった。銀行窓口による投資信託の販売は、その信用力をバックに、銀行業務を活気づけた。住友銀行はこの対応のために、当時シティバンクにいた久保田達夫（くぼたたつお）を常務取締役として招聘（しょうへい）したり、旧山一証券から大勢の営業マンを中途採用するなどして、新聞を賑わしている。

さらに、2000年代になると、

（1）FX取引の解禁
（2）会社法の商法からの分離と、金融商品取引法の制定
（3）三角合併の解禁
（4）株式電子化と株券の廃止

などが矢継ぎ早に実施されることになる。同時に、証券界では金融ビッグバンをきっかけに、大手証券の再編や中小証券の統廃合、吸収合併が活発になっていく。

銀行・大手証券の合併1号「大和証券SBCM」の誕生

大和証券も、銀行・証券再編の動きと無関係ではいられない。大和証券は住友銀行と距離を縮めていたが、１９９７（平成９）年に西川善文が住友銀行の頭取に就任してからは、その距離はいっそう近くなった。

１９９９年４月５日に、両社の合弁証券会社「大和証券ＳＢキャピタル・マーケッツ（略称：大和証券ＳＢＣＭ）」が誕生した。機関投資家・事業法人を顧客とする、わが国初の本格的ホールセール（法人向け）証券会社が発足したのだ。大和証券ＳＢＣＭは清田瞭社長をトップに、最高水準の金融サービスを提供する新しい投資銀行を目指して船出した。

この新会社に大和証券が期待したのは、住友銀行をバックに法人顧客を拡大することだった。当時、大和証券は、野村や日興などと比べると法人部門が多少弱かったため、住友銀行の信用力に期待したのである。この新会社には、大和証券から法人部門、引受部門だけでなく、株式や債券など商品部門も移った。

当時、大和証券本体の時価総額は３０００億円台だったが、住友銀行がバックに付いたことで、新会社の評価は５０００億円と大和本体を上回る。

この合弁会社は、西川善文が住友銀行の頭取であったからこそ実現したといわれた。かつて四大証券には、それぞれ関係が深いメインバンクがあり、野村証券は三井銀行、日興証券は三菱銀行、大和証券は住友銀行と親しい関係にあった。自主廃業した山一証券のメインバンクは富士銀行と興銀だった。

1965（昭和40）年の証券不況時代には、住友銀行から大和証券に社長が派遣されたこともあった。当時以上に過酷な環境の下で、大和証券が、投資銀行を創設するために組む相手は、住友銀行しか考えられなかった。

とはいえ、両社の交渉はそれほど簡単ではない。当時の大和証券の社長は原良也だったが、直接の交渉役を務めたのは大村信明取締役、住友銀行側は近藤章常務取締役である。主要問題点は三つあった。①新会社の社名、②出資比率、そして③社長人事だ。中でも、出資比率が最大の難問だった。

住友銀行頭取を務めた西川善文（写真提供：共同通信社）

新会社の社名は「大和証券ＳＢキャピタル・マーケッツ（大和証券ＳＢＣＭ）」で、トップ人事は大和証券から社長、住友銀行から副社長ということで決まったが、両社の出資比率はなかなか合意に至らなかった。結局、大和証券60％、住友銀行40％で決着したのだが、住友側の40％に関しては、行内でかなりの反対があったと聞いている。

住友と大和を比べれば、あらゆる面で住友のほうが上である。普通なら40％はありえない。しかし、最後の決断を下したのは、西川善文頭取自身だった。

後に、西川はある経済誌の社長から、「あの出資比率40％は見事だった。あれ以外なかっただろう」と評されたと語っている。

西川頭取でなければ、出資比率は合意にいたらず、合弁会社は誕生しなかったかもしれない。西川と付き合っていて感じたのは、「優れた経営者であり、辣腕（らつわん）、能弁であると同時に、名を捨てて実を取る実利主義が根底にある経営者」ということだ。

2001（平成13）年、三井住友銀行が誕生した際の合併交渉でも、社名では「三井」に一歩譲って、自らは頭取に就任している。銀行としての業容では住友が三井を上回っていたので、住友銀行の内部や住友グループ企業の社長が集まる「白水会」では、三井を上にすることにはかなりの抵抗感があったと聞いている。それでも、西川は社名よりも頭取という〝実〟を取ったのだ。

ちなみに西川は、1997（平成9）年6月の住友銀行頭取就任時、記者会見で頭取就任の感想を聞かれ「男子の本懐です」と答えている。

その後の住友と大和の関係にも触れておこう。

住友銀行と大和証券の合弁会社は、2001（平成13）年の三井・住友の合併により、社名が「大和証券ＳＢキャピタル・マーケッツ（略称：大和証券ＳＢＣＭ）」から「大和証券エスエムビーシー（大和証券ＳＭＢＣ）」に変更された。そして、西川が三井住友銀行の頭取を２００５（平成17）年に退任した後は、三井住友と大和証券の関係はぎくしゃくしはじめ、両社の思惑はすれ違いを深めていく。銀行側は、自分たちが主導権を持てば、もっと利益も出るし会社も発展させられると主張した。

西川を引き継いだ三井住友の経営陣は、将来的には大和証券全体を呑み込み、欧米で華々しく活躍していた「ユニバーサルバンク」にすることを計画していたと噂された。

合併後、銀行側の出資比率の引き上げが何回か交渉のテーブルにのったが、大和側は拒否し続けた。最終的には、銀行側の比率引き上げ要請を大和証券は断り、リーマン・ショックの爪痕の残る２００９（平成21）年に、三井住友フィナンシャル・グループと提携を解消した。その裏には、すでに三井住友が米シティグループから日興コーディアル証券を買収していたという事情があった。

大和証券側は、三井住友に呑み込まれるか、独自の自主路線を歩むかの選択だったが、大和側の答えは明白で、〝離婚〟以外にとる道は残されていなかったのだ。いずれにしろ、設立10年後に合弁は解消された。大和証券は三井住友の出資額を買い取って大和証券ＳＭＢＣを１００％子会社化し、その2年後には大和証券に吸収合併している。

「ノーパンしゃぶしゃぶ事件」の現場

政権では行政改革が打ち出され、大蔵省にもメスを入れるべきという議論がなされていた最中の1998（平成10）年に、あの事件が起こる。大蔵省接待汚職事件、というより「ノーパンしゃぶしゃぶ事件」といったほうが通りがよいかもしれない。

ひと言でいえば、大蔵官僚や日銀職員が、銀行など金融機関のMOF担に過剰な接待を受けていたという事実が発覚したのだ。

筆者の知る限り、大蔵省への過剰接待は、それ以前から当然のように存在していた。大蔵省の前には、毎晩のように銀行や証券会社から送り込まれた黒塗りのハイヤーが並び、大蔵官僚はそれに乗って向島などの料亭に向かったものだ。

ある証券会社のMOF担が、こんな話をしていた。

「春になると、大蔵官僚が『だいぶん、気候もよくなってきましたね』とつぶやくから、そのたびに『今週末、ゴルフでもいかがでしょうか？』と答えたものだ」

実際、土日ともなると、ハイヤーが大蔵官僚をゴルフ場に送迎したものである。

接待だけでなく、贈答なども想像を超える派手さが見られた。某大手証券会社の副社長が、大蔵省高官へお歳暮として、テレビや冷蔵庫を贈ったなどの噂も聞いたことがある。

また、ある証券会社の役員が「ウチに大蔵省ＯＢの顧問がいるんだが、その接待費がかさむんだよ」と嘆いていたことがある。いったい、いくら使うのかと聞いてみると、１０００万円だと言う。筆者が、年間でその程度なら仕方ないだろうと答えたら、そうではない。「月に１０００万円」だと言うから驚いた。

こうした過剰接待が違法だという認識は、おそらく当人たちにもなかっただろう。１９９２（平成４）年に野村証券会長になった相田雪雄（あいだゆきお）が、筆者に次のように話していた。

「野村では、大蔵省の接待は、実名ではなく仮名で処理していたが、新社長になって、実名で処理したいと言ってきたのでＯＫしたよ」

この話が事実であったかどうかを、今となっては確かめるすべはないが、実名の記録を残したことが、後の摘発につながった可能性はある。東京地検特捜部が大蔵省の捜査に踏み切ることができたのは、検察が、接待を受けた大蔵官僚のリストを入手していたからだといわれた。

証券界の人間だから言うわけではないが、当時、大蔵省接待は、証券界より銀行界のほうが派手にやっていた。前述の西川住友銀行頭取も、著書『ザ・ラストバンカー　西川善文回顧録』の中で次のように回顧している。

「あまりおおっぴらには言えないことだが、毎晩のように大蔵接待を繰り返し、大蔵省が抜き打ちの銀行検査に入る前に期日の情報を探ったりしていたものだ」

本人からも、「大蔵省の検査の日程や結果を聞きだすことは、金融機関のMOF担にとっては、やらなければいけない〝マストの仕事〟」と聞いたことがある。

検査の情報を事前に知ることは、銀行にとっては大きい。大蔵省の大手銀行への検査は、2〜3年おきに行われていたので、ある程度の見当はつけることはできたが、MOF担はそれを正確につかまなければならなかった。そのために接待攻勢をかけていたのだ。

その接待の舞台の一つが、当時有名となった「ノーパンしゃぶしゃぶ」だった。大蔵省の某幹部の名刺が、新宿歌舞伎町のノーパンしゃぶしゃぶ店から出てきた、などと報道されたりもした。

以下は、実際にノーパンしゃぶしゃぶ店を訪れた人の話だ。

「ミニスカート姿の若い女性がしゃぶしゃぶを運んできて、部屋に入ると下着を脱ぎ、掘りごたつになっている客の隣に座ったりした」

「接待してくれる女の子のレベルは、総じて高かった。天井から酒のボトルが吊り下がっていて、酒の注文が入ると、女の子がテーブルの上に立つので、スカートの中をのぞける仕組みになっていた」

「テーブルの下にはビデオカメラが設置され、チップを払えば、モニター画面を通じ、座っている女性のスカートの中も見ることができた」

「料金は、チップを含め一人あたり、2万円は超えていた」

1998年1月26日、約50人の捜査官が隊列を組み、大蔵省の正門をくぐるという異様な光景が見られた。東京地検による四半世紀ぶりの大蔵省への強制捜査だった。銀行局を中心に捜査が行われ、都市銀行に接待などを見返りに、「検査日程」を漏らしたとして大蔵省金融検査部の職員2人が東京地検特捜部に逮捕された。

強制捜査から3か月後の4月28日、処分対象者は、局長、審議官などを含め総勢112人にも及んだ。その責任をとって、三塚博大蔵大臣、小村武（こむらたけし）事務次官も辞任に追いやられる。接待疑惑は日銀にも飛び火し、逮捕者も出て、合計98人の職員が処分された。

なぜ過剰接待が起きたのか

官僚の接待疑惑とは、何だったのだろうか。

ある証券局長が、筆者にこんな話をしていたことがあった。

「証券局長になると、少なくとも主要銀行21行と、4大証券の合計25社の銀行・証券の頭取、社長との宴会をこなさなければならないんですよ」

聞くだに、大変な仕事である。しかし一方で、証券局長が、銀行、証券の頭取や社長と会食し、意見交換や情報収集を行ったり、親しくなったりすることは、必ずしも無駄な行為ではなかったようにも思える。

例えば、こんなことがあった。１９９０年代になって接待に対する世間の目も厳しくなり、大蔵省と証券界との意見交換の機会が急激に少なくなりだした頃のことだ。大蔵省から証券会社に対して、突然こんな通達が発出されたことがあった。

「証券会社の事業法人部の企業担当者は、今後、同一企業を2年を超えて担当してはならない」

同じ担当者が一つの企業を長年にわたって担当していると、癒着関係が生まれやすく、損失補塡などの不正につながりやすいとの趣旨だった。しかし、これは証券会社の業務を理解しているとは到底、言い難い通達だ。証券会社の担当者が未公開企業の上場などの支援をする場合、少なくとも4〜5年は継続して担当しなければ、十分な支援はできない。当時、MOF担だった筆者は、その旨を大蔵省に説明して通達を撤回してもらった。

それ以前は、大蔵省がそのような指導を突然発出することはなかった。あらかじめ証券会社のMOF担などの意見を聞いて、検討してからだった。多忙をきわめる大蔵官僚にとっては、軽い食事をしながら、気軽に意見交換できる機会というものが必要なのではないか。そう思っていた金融・証券関係者も多かったはずだ。

一方で、確かに過剰接待はあった。あるMOF担の話だ。

「夜9時頃、ある大蔵官僚から電話があって『相談したいことがあるので、銀座の某ナイトクラブに来てほしい』と言われてね。指定された場所に行くと、そこには3人の大蔵官僚がいて、さんざん飲んで盛り上がっている。もちろん〝相談したいこと〟などなく、飲み代を支払わされただけだった」

このような過剰接待が横行していたことは、確かに問題だ。ただ、就任挨拶の食事会とか、食事をしながらの業界との意見交換などは、認められてもよいのではなかろうか。

1999（平成11）年になると国家公務員倫理法が制定され、2000年4月から施行された。これに基づき、国家公務員倫理規程が制定され、利害関係者との飲食は事前届け制になり、承認されない限り禁止されることになった。

そのとき、当時の証券局長が苦笑いしながら筆者に言った。

「今回、大蔵省で接待に関する内規ができました。コーヒーもご馳走になってはダメなんです。でも、紅茶はいい。紅茶は〝お茶〟だから」

今では、多くの公務員はコーヒー一杯でも先方と割り勘にするなど、大変気を使うようになっている。

接待疑惑で辞めた長野証券局長の意外なその後

「ノーパンしゃぶしゃぶ」から始まった大蔵省過剰接待疑惑は、やがて巨大な汚職事件に発展する。前述したように1998（平成10）年、東京地検特捜部が大蔵省に捜査に入るが、当時、検察はすでに金融機関から十分な情報を入手していたといわれる。また、世論を看過することはできないという考えもあったようだ。
検査結果に基づき、4月28日、接待疑惑で112人という前代未聞の大量処分が公表されたことは、前述したとおりだ。そこには、長野厖士（あつし）証券局長の名前もあった。

長野は、大蔵省に入る前に司法試験に合格していたので、退官後は司法修習所の研修を受けて弁護士となるという道もあった。しかし、過剰接待収賄疑惑で逮捕ということになれば、その資格はなくなり、弁護士への道は絶たれることになる。検察に追及を断念させるには、すでに十分な社会的制裁を受けたと認めさせることが必要だった。

そのためには、自然な形で自ら身を引くのがいい。それが長野の決断だったといわれた。長野は、辞表を提出し受理された。当時の大蔵省の局長級の退職金は5000万円ほどといわれたが、長野は、その退職金の一部を返上して大蔵省を去ることで、社会的制裁を受けたという形を整えた。

筆者はロンドン在任時代に、在英日本大使館の書記官をしていた長野と、よくゴルフを楽しんだものだ。場所は、2019（令和元）年に渋野日向子（しぶのひなこ）が全英オープンで優勝を飾ったウォーバンゴルフクラブが多かった。

頭脳明晰な官僚が、このような形で大蔵省を去ることになったのは、わが国にとって大きなマイナスではないかと惜しまれた。「二回試験」と呼ばれる司法修習所終了時の試験でも、長野はトップだったという。

大蔵省を辞めて弁護士となった長野は、西村あさひ法律事務所のパートナーとなって活躍した。長野は、大蔵省からの去り方が納得できるものではなかったので、弁護士になってからは、高額所得者番付のトップクラスになれるくらいの努力、活躍をしようと、密かに心に誓ったと筆者に語ったことがある。そして本当に実行した。

ある年度には、弁護士の高額所得者番付のトップ10入りを果たした。しかし、長野の目的は金銭ではなかったので、その後はとくにがむしゃらに働くこともなく、最近では徐々に企業の顧問などの立場も退き、身辺整理をしているという。

ちなみに、長野厖士が大蔵に入省した1966（昭和41）年の同期は、東大法学部卒の20名を含めて22人おり、「花の昭和41年組」といわれるほど優秀な人材が多かった。とくに、長野厖士（証券局長）、中島義雄（財政金融研究所長）、次官になった武藤敏郎が若い頃から次官候補といわれていた。その他にも、岡田康彦（環境庁次官）、塩田薫範（公正取引委員会事務総長）、井坂武彦（造幣局長）、佐藤謙（防衛事務次官）、森昭治（金融庁長官）、北朝鮮拉致担当参与としてテレビにも出演することがあった中山恭子（大臣官房参事官）など多士済々だった。

いずれにせよ、若くして権力の座である大蔵省の官僚として国に貢献し、熟年となってからは弁護士として世の中のために尽くすことができた長野は、一つの理想的な人生を送ったといえるだろう。

「財務省」への改名の陰に某新聞社の圧力あり

過剰接待問題を機に、大蔵省の解体論が加速する。大蔵省から金融行政の切り離しをせよと求める声が高まり、財政を担当する「財務省」と金融行政を担当する「金融監督庁」に分割された。

1998（平成10）年6月に総理府外局として金融監督庁が設置され、大蔵省の銀行局、証券局は廃止された。しかし、この段階では、企画と監督の分離にとどまり、大蔵省金融企画局は残った。だが、同年12月に金融再生委員会が設置され、金融監督庁が同委員会のもとに移管される。そして2000年7月に、金融監督庁と金融企画局が統合されて「金融庁」となり、大蔵省から国内金融行政が分離された。ただし、国際金融行政は大蔵省に残された。

これにより、大蔵省改革は、終止符を打つことになる。その後、2001（平成13）年の省庁再編に伴い大蔵省は財務省となった。

ここで少し、大蔵省改革の歴史を振り返ってみたい。

大蔵省改革、あるいは大蔵省解体への試みは、第二次大戦後、何度か検討の対象になり、実現寸前までいっては、挫折するという歴史を繰り返した。

最初は、第二次大戦直後の1947（昭和22）年である。第一次吉田茂内閣の後を受けて、社会党の片山哲内閣が誕生したその前年の46年にGHQ（連合国軍総司令部）の指示により、財政金融のうちの企画調整機能を担う「経済安定本部」が設置された。この安定本部は、1947年度予算の公共事業関係経費の編成を、大蔵省と共に行うことになった。

47年には安定本部内に「財政金融局」が新設され、財政に関する基本政策の立案と総合調整の権限が明文化される。大蔵省に予算編成権は残ったものの、予算編成の基本方針の決定や重要施策の調整の権限を安定本部に奪われるという、重大な危機に陥った。

しかし、大蔵省は猛烈な巻き返しを行い、1948年2月、片山内閣総辞職にともない安定本部の機能は縮小に向かう。かくして、最初の大蔵省改革は挫折に終わった。

翌1949年に設置された行政制度審議会が、総理府に企画調整庁を設置して、予算編成を含む経済・財政の企画・調整にあたらせることを提案している。

1955年11月に誕生した第三次鳩山一郎内閣では、行政管理庁長官の河野一郎が大蔵省の予算編成機能を総理府に移す構想を打ち出したこともあった。その後も、1962年に設置された臨時行政調査会では、内閣のもとに予算局もしくは予算庁を設置することが検討されたりしたが、大蔵省は各方面に猛烈な攻勢をかけ、自らの組織を死守することに成功する。

その後、1990年代に入り、数々の証券スキャンダルが世間の注目を集めるようになると、大蔵改革の観点は「財政と金融の分割」に移っていった。自民党の金融問題調査会は「金融の

2001年1月からの中央省庁再編に向け、財務省（旧大蔵省）の看板を作る人たち。同省では宮沢喜一蔵相が選んだ楷書体から東京藝術大が作製（写真提供：共同通信社）

検査のための組織は大蔵省から切り離すべき」という結論を導き出し、「証券取引等監視委員会」が設立された。

かつて、大蔵省解体は非現実的と考えられていた。しかし、1990年代の中頃には、大蔵省の問題点を指摘する声が有識者からも上がり、改革・解体に関する著書も数多く出版された。そして、実際にそれが実現していったのだ。

大蔵省から財務省への改称にあたっては、ひと悶着が起きた。大蔵官僚の中には「大蔵省」という伝統のある名称を残すべきだとの意見が多く、その辣腕ぶりから「カミソリ後藤田」と呼ばれた後藤田正晴元官房長官も、「明治以来の伝統ある『大蔵省』の名称は残したほうがいい」と主張した。

しかし、元総理の橋本龍太郎行革担当大臣は譲らなかった。「伝統ある名称というなら、検察庁や警察庁は『検非違使庁』にしたらよい」と言って逆ねじを食らわせたという。

橋本が大蔵省の分離や名称にこだわった裏には、某新聞社の圧力があったといわれる。橋本は、某新聞社にある弱みを握られていて、その方針に従わざるをえなかったというのだ。歴史は意外な裏面を持っているものだ。

結局、2001（平成13）年の1月、古代の律令制に由来する「大蔵省」の名称は、「財務省」という現在の名称に改められた。1964年に、当時の池田勇人総理大臣が揮毫した「大蔵省」の門標も取り払われ、新たに「財務省」の看板が設置されることになった。

〝最後の大蔵大臣〟宮澤喜一は、その「財務省」の揮毫を依頼されたが、「大蔵省」の名称に愛着を持っていたので、これを固辞。東京藝術大学に依頼して、コンピュータで作成した楷書体7案の中から選定しただけだった。

金融庁2代目長官となった森昭治の功績

一方の金融庁は、前述したとおり、1998（平成10）年6月に総理府外局として誕生した金融監督庁を母体として、2000年7月1日に誕生した。

その金融庁の2代目長官に就任したのが森昭治だ。長身でスタイリッシュ、人柄は明るくてざっくばらん。性格はいたって温厚で、親しみが持てる人格者である。大蔵官僚というイメージはあまり感じなかった。

筆者は、森とは英国大使館出向のときにロンドンで知り合い、その後米国公使、証券局審議官や金融庁長官になってからも交友は続いた。森はゴルフもうまかった。

長銀が破綻した2日後の1998年12月15日、森は金融再生委員会の事務局長に就任する。そして、当時の金融再生担当大臣・柳沢伯夫（はくお）を委員長とする12省庁から集められた37人の部下を率いて、金融危機と格闘した。具体的には、一時国有化されていた長銀と日債銀の2行を民間に売却すると同時に、経営の立ち行かない金融機関を次々に破綻認定していった。

金融庁長官時代を含めて約3年半で、その数は、空前の115金融機関に達する。そして32の銀行に8兆6053億円の公的資金を注入して、再編を促した。その後、注入した公的資金は、1兆2000億円多く戻ってきた。森は、記者などに対しても、親切に対応したといわれている。

森が金融庁長官を退任して3年後に、わが国の金融危機は収束したことを考えると、その功績は大きい。

森はまた、強運の持ち主でもあった。森は前述したように「花の昭和41年組」であり、同期には、大蔵次官になった武藤敏郎をはじめ、中島義雄、長野厖士、岡田康彦など俊才が揃っていた。森が、金融庁長官という事務次官クラスの地位に上り詰めるとは、あまり予想されていなかったといわれる。

森は駐米公使、証券局審議官、東京国税局長を経て、1996年に一度退官している。大蔵省を去り、損害保険料率算定会副理事長に就任したときには「役人人生に終止符が打たれた」といわれた。

ところが人生行路は誰も予想できないもので、大蔵省接待疑惑や大手金融機関の破綻などがあり、１９９８年12月に急遽、金融再生委員会事務局長に抜擢（ばってき）されたのだ。そこで森は、破談寸前だった三井信託銀行と中央信託銀行の合併を成功に導き、公的資金を注入した大手銀行に対する経営健全化指導、地方銀行の相次ぐ破綻処理に積極的に取り組んだ。

その業績への評価が、金融庁長官への道を開いたといわれている。このような役人人生の出戻り成功は他に例がない。

森の生き様は、どんな立場にあっても全力投球していれば、必ず道は開けるということを教えているようだ。そんな森も、２０１８（平成30）年に74歳でこの世を去っている。

株式手数料の自由化で起きた大変化

大蔵省解体と同時に、もう一方の金融改革「日本版金融ビッグバン」も着々と進んでいた。１９９８（平成10）年12月に、金融システム改革が施行。銀行・証券・保険業への新規参入・相互参入の促進、投資信託の銀行窓口販売の解禁、株式売買委託手数料の自由化などが実施された。

なかでも、株式売買委託手数料の自由化は、その後の証券界を大きく変えていくことになる。株式委託手数料とは「投資家が株を売買する際に、証券会社に払う手数料」である。わが国の証券会社は免許制で、株式委託手数料も細かく規定された固定制だった。1円でも値引きすれば違法行為になるなど、厳しいルールが定められていた。

バブル期の1980年代は、株式市場も活性化していて、証券会社の儲けも膨らんだ。1987（昭和62）年にはNTTの株式上場によって株ブームが起こり、野村証券の営業利益が5000億円を超え、米国の最大手ソロモン・ブラザーズを抜いたと話題となった。だがこれは、日本の手数料が欧米に比べて高い水準にあったことも、その要因の一つである。

海外の市場では、米国はすでに1975年にニューヨーク証券取引所の株式手数料が自由化されていたし、英国でも、86年に手数料自由化が実施されていた。多方面から株式手数料引き下げ、つまり自由化の要求が強まっていたのだ。

さらに、公正取引委員会を中心に「カルテルではないか」との批判も出るようになった。カルテルとは、寡占（かせん）状態にある同一業種の企業が競争を避けて利益を確保するため、価格・生産量・販路などについて結ぶ協定で、独占禁止法で原則として禁止されている。

そのような環境下、日本の証券界でも、株式手数料の自由化は避けて通れない道であることは認識されていた。しかし、とはいうものの「できるだけゆっくりやってほしい」というのが証券界の本音だった。そして「段階的自由化」で取り組むことが内定する。

じつは手数料の自由化は、1990年頃からすでに具体案の検討に入っていた。筆者は証団協の常任委員長として、大蔵省との交渉の窓口を務めていたが、実現への道はまだまだ険しいというのが当時の状況だった。証券市場の先行き不安もあり、手数料の自由化は、証券会社にとって、まさに死活問題である。世間の非難もある中で、その軟着陸方法をさぐるのが、証券界の政策提言機関である証団協の役割でもあった。

その結果、まずは1994（平成6）年4月、1銘柄の売買代金が10億円を超える部分について自由化された。次いで98年4月、売買代金5000万円超が自由化された。そして99年、最終的に全面自由化が実現したのだ。

株式手数料が自由化されると、証券各社は顧客獲得のために、こぞって手数料引き下げ競争に走った。それに伴い、証券業界では営業形態の改革も起きている。

まず、販売チャンネルが大きく変わった。いわゆるネット証券の誕生である。それまでの証券取引は、営業マンが窓口、または電話で行うのが一般的だった。それが、手数料の自由化が始まると、インターネットを通じた株取引という新しい株式売買のチャンネルが生まれたのだ。

本来、株取引は、株価をリアルタイムに見ながら「A社の株を何円で何株」と売買するシンプルなもので、それはインターネットと非常に親和性の高い取引といえた。さらに、この新方式の取引は、証券会社にとっても人件費などのコスト削減ができるので、手数料の自由化の流れの中で一気に普及してくことになる。

現在では、SBI証券、楽天証券、マネックス証券、松井証券、岡三オンライン証券など、オンライン専業証券会社が多数生まれている。ネット証券の株売買取引額は、全体の8~9割に及んでいて、手数料率も限りなくゼロに近づきつつある。

しかし当時は、株式市場全体の売買高は期待されたほど増加せず、金融危機後の相場低迷とも重なり、証券会社にとっては痛手となった。

最近では、SBI証券が宣言しているように、株式手数料ゼロの動きも出てきている中で、1%近い手数料を受け取っている中小証券も現存している。それだけの手数料を徴収できるサービスを投資家に与えているのであればよいが、そうでなければ、そのような証券会社は淘汰される運命にあるのではなかろうか。米国では、すでにゼロ手数料の証券会社があるし、日本でも、株式委託手数料は新しい段階を迎えているように思われる。

証券取引所から「場立ち」が消えた

日本の証券取引所の歴史は、渋沢栄一から始まった。

1873（明治6）年6月11日、最初の銀行・第一国立銀行が、渋沢栄一によって創設される。本店の所在地は、現在のみずほ銀行兜町支店がある東京都中央区日本橋兜町4の3である。

その後、1878年、渋沢が中心となり「東京株式取引所」が設立され、1943（昭和18）年には「日本証券取引所」に改組された。さらに49年には、証券取引法に基づき、会員組織の現在の「東京証券取引所」が設置された。以降、兜町は、わが国の代表的証券街・証券界の代名詞となる。

「日経平均株価」が算出されるようになったのは、1950年のことだ。49年5月16日に、東京証券取引所が算出を開始した株価指数がルーツである。それ以来、日経平均指数は、時代の変化を反映しながら株式市場の動きを伝える「ものさし」として、戦後の経済史を刻んできた。

筆者が大和証券に入社した1962（昭和37）年頃には、東京証券取引所の立会場には、いわゆる「場立ち」が、活発に動き回っていた。「場立ち」とは、証券会社から派遣された取引担当者で、手サインを使って売買注文を伝達する証券マンである。証券取引所の立会場には、各証券会社が持ち寄った注文を付け合わせるポストが設置されていた。

その証券各社のブースから、手サインで「場立ち」に注文が伝えられる。例えば、「三菱商事」なら、両手で三菱の形をつくり、その後、両手を左から右に障子（＝商事）を開けるように動かす。「場立ち」は、ポストに集まり、自社の注文を一刻も早く執行させるために先を競って揉み合いになっていたものである。

こうした騒然とした風景は、長い間、取引所の風物詩だった。証券界で、営業の神様と呼ばれた野村証券の豊田善一（とよだぜんいち）元副社長も、証券人生のスタートは「場立ち」だった。

金融ビッグバンによりさまざまな金融制度改革が進む中、東京証券取引所は、売買執行の効率化を目的としてすべての取引を電子化する。１９９９（平成11）年４月、株式売買立会場は閉場され、「場立ち」は取引所から姿を消した。

取引が電子化された証券取引所では、株価の動きが「チッカー」と呼ばれる電子版に表示されるだけとなった。長年証券界を見てきた者としては一抹の寂しさを感じる。

第5章

平成後期の経済事件とその裏側

三井住友銀行誕生の裏にMOF担同士の絆あり

平成は、日本における銀行の合併の元号でもあった。とくに、1990（平成2）年は、メガバンクの再編が相次いだ。「太陽神戸三井銀行」（現三井住友銀行の前身の一つ）が誕生したのもこの年である。その翌年の91年には、「協和埼玉銀行」（現りそな銀行の前身の一つ）が誕生した。また、5年後の96年には、三菱銀行が海外業務に強い東京銀行と合併し、「東京三菱銀行」（現三菱UFJ銀行の前身の一つ）が生まれた。

当時の業界のリーダー的存在だった住友銀行も動く。1995（平成7）年に発覚した大和銀行ニューヨーク支店の巨額損失事件をきっかけに、大和銀行との合併を画策したが、結果的には日の目を見ることはなかった。

とはいえ、このような環境下で、銀行間の合併の機運は一気に高まっていく。1999（平成11）年5月の連休中に、日本興業銀行、富士銀行、第一勧業銀行の経営統合が合意された。

同年8月20日の夕刻に、内幸町（うちさいわいちょう）の帝国ホテルに、興銀・西村正雄（まさお）、富士・山本恵朗（よしろう）、第一勧銀・杉田力之（かつゆき）が、一つのテーブルに横並びに座り、2000年の秋に共同持ち株会社（現みずほフィナンシャルグループ）を設立すると発表して、世間をあっと言わせた。「みずほ銀行誕生」を報じる新聞紙面には、3行の頭取が握手している写真が大きく掲載された。

興銀の西村正雄頭取は、「収益力、資本力、サービス力で世界の5指に入りたい」と会見で述べている。また、グループの業務純益を「安定的に1兆円超を目指す」（第一勧銀・杉田力之頭取）との目標も語られた。この帝国ホテルでの会見は、金融ビッグバンによる現在の3メガバンクグループ時代の幕開けを告げるものであった。

1999年8月20日、共同の金融持ち株会社（現みずほフィナンシャルグループ）設立の記者会見を終え、握手する（左から）第一勧業銀行、日本興業銀行、富士銀行の3行頭取（写真提供：共同通信社）

この3行の一本化の裏には、大蔵省の元銀行局長だった徳田博美（ひろみ）の尽力があったといわれる。統合の目的は、BIS規制やバブルの崩壊で地盤沈下していた経営を立て直し、国際競争力を高めることだった。会見の数日後にはすでに、3行の与信企画部のメンバーが大手町にあった興銀本店の会議室に集まって、話し合いを始めている。それほど切羽詰まった状況での統合だったのだ。

他に先行してメガバンク化のスタートを切ったみずほのビジネスモデルは、よく練られていた。3行が単純に合併するのではなく、富士と第一勧銀の小口金融に興銀の大企業顧客を統合して、旧財閥の枠を超えた取引を確保するという狙いもあった。そのために「みずほコーポレート銀行」と「みずほ銀行」の2行に編成されたのだが、その点が斬新だったといえる。

しかし実際には、この「ツーバンク体制」は思惑どおりには機能しなかった。小口金融を担うみずほ銀行は、2002（平成14）年の3行統合直後と、2011年に大規模システム障害を起こし、最近でも2021（令和3）年2月からの1年間で、計11回のシステム障害が頻発。さらには2013年の反社会的勢力への融資問題など、多くの試練が待っていた。

投資銀行業務を宣言したみずほコーポレート銀行のほうも、2007～08年の世界金融危機下で巨額損失を被っている。結局、2013年にはツーバンク体制の2行を合併して、ワンバンク体制での出直しを余儀なくされた。

一方、2001（平成13）年、三井銀行系のさくら銀行と住友銀行が合併、三井住友銀行が誕生する。その裏には、当時の住友銀行・西川善文頭取の強烈なリーダーシップがあったといわれている。

西川は、安宅産業やイトマンなど旧住友銀行の根幹を揺るがした不良債権処理で頭角を現した。1995（平成7）年の副頭取時代には、バブル崩壊後のツケを一括処理しなければ反転攻勢の目はないと、同年3月期に8000億円強の不良債権処理に踏み切るなど剛腕を発揮する。金融危機下の1997年6月に頭取に就任した後は、ダイエーをはじめ不良債権処理の陣頭指揮をとるなど、即断即決型の強烈な指導力を発揮したわが国を代表するバンカーだった。

西川は、さくら銀行（太陽神戸三井から行名変更）の岡田明重（あきしげ）頭取とは、かつてMOF担仲間で、親しい関係だった。それもまた両行合併成功の要因になったといわれる。東京・お台場で行われたイベントで西川と岡田が数分立ち話をしただけで、交渉入りが決まった。

1999（平成11）年10月には、さくら・住友両行頭取が共同記者会見を開き、2002年4月末での合併計画を発表した。実際には、この統合は計画よりも早く、2001年4月に実現している。

この合併は、規模ではみずほ銀行に次ぐ2位だったが、旧財閥の枠を超えた前例のない統合として注目された。西川は、三井住友銀行の初代頭取に就任し、持ち株会社の三井住友フィナンシャルグループ社長も兼務する。そして2005年に頭取を退任するまでの間に、三井住友銀行をメガバンクの一角に育て上げた。

その後、西川はその経営手腕を買われて、日本郵政の民営化時の初代社長に就任するが、2009年の民主党政権の誕生で政府与党と衝突し、辞任している。その西川も2020年9月にこの世を去った。

三和銀行、東海銀行、あさひ銀行が経営統合を表明したのは、2001年の3月である。その後、あさひ銀行が離脱したので、三和銀行と東海銀行が母体となって、2002年1月にUFJ銀行が誕生した。UFJとは「United Financial of Japan（ユナイテッド・フィナンシャル・オブ・ジャパン）」の頭文字をとったものである。しかし、そのUFJ銀行は財務体質が脆弱なうえに、大口融資先にダイエーなど経営不振の企業を多く抱えていて、2期連続の赤字決算、経営陣の退陣、金融庁からの業務改善命令も出て、窮地に追い込まれた。

このUFJ銀行を巡って、三菱東京フィナンシャルグループ、三井住友フィナンシャルグループによる争奪戦が展開された。結果的には、2005年に三菱東京フィナンシャルグループがUFJ銀行を吸収。世界最大規模の三菱UFJフィナンシャルグループが発足した。

このようにして、みずほ、三井住友、三菱東京UFJの、三大メガバンク体制が出来上がったのだ。

「金融」は、小泉政権にとって唯一最大の弱点だった

橋本龍太郎、小渕恵三を継いだ森喜朗内閣が退陣し、「失われた10年」の閉塞感が漂う中で、2001（平成13）年4月に小泉純一郎内閣が誕生した。小泉内閣は、「歯に衣着せず」という姿勢で、郵政民営化など大胆な改革を断行していった。長く経済運営の中心にいた宮澤喜一は表舞台から去り、官邸主導の政策決定プロセスが徐々に形作られていった。

しかし、小泉政権時代、高い内閣支持率とは裏腹に、経済は悪化の一途をたどり、証券市場は低迷を続けた。そう言うと「本当か？」と思われる人も多いかもしれないが、残念ながら事実なのだ。

「金融」は、小泉政権にとって唯一最大の弱点だった。日経平均株価も、小泉内閣の時代にバブル崩壊後の最安値を記録している。２００２年７月に日経平均は１万円の大台を割り込み、同年９月には９０００円割れ寸前となった。

この時代、わが国のメガバンクは、資産査定の厳格化、公的資金投入という竹中平蔵金融担当大臣のプランには反対しながらも、不良債権の大量処理に動き、自己資本低下による国有化のリスクを回避するために増資に奔走した。三菱ＵＦＪフィナンシャルグループは、普通株で３６００億円、三井住友は優先株で３０００億円を調達。一方、みずほは、１兆円という空前の資金調達を優先株で実施した。

しかし、１兆円もの資金を調達するのはそう簡単なことではない。当時、みずほの調達は「奉加帳増資」といわれ、取引先３４００社を対象に引き受けを依頼する、という強引なものだった。これには竹中金融大臣も、銀行として不当圧力がなかったか目を光らせたという。

また、三井住友銀行は、旧さくら銀行傘下のわかしお銀行を存続会社とする「逆さ合併」という奇策で、保有有価証券の含み損を一掃し、金融界をあっと言わせた。

しかし、その後も株式市場は低迷を続け、２００３年のゴールディンウイーク直前に日経平均株価は、７６０７円88銭というバブル崩壊後の最安値を付けることになる。

そして、ゴールデンウイークが開けると「りそな銀行事件」という爆弾が落ちた。メガバンクの一角を占めるりそな銀行が、３月期決算で過小資本に陥るという情報が飛んだのだ。監査法人の厳格な査定によると、自己資本比率は４％の国内基準を下回り、２％台に落ち込む見通しだという。

りそなは、２００３年３月に大和銀行とあさひ銀行（協和銀行と埼玉銀行が合併）が合併して発足した。だが、この連合は出発当初から金融庁の悩みの種だった。

独立性の高い銀行同士なので、システムをどちらのものを採用するかなどの課題が山積していたうえ、それぞれの主張の隔たりが大きく、なかなかまとまらなかったのだ。当然人事も揉める。また、自己資本比率が４％を下回れば、改善命令が出るなど業務に支障が出るという懸念もあった。そこで金融庁は、りそなの監査法人に「自己資本比率が４％を下回っているという話もあるので、慎重に見るように」と圧力をかけたともいわれた。

そんな状況下で、りそな銀行への公的資金１兆９６６０億円の注入が決定された。その後、足利銀行の債務超過が判明したりしたこともあって、りそな銀行は２００２年11月に破綻処理され、細谷英二（ほそやえいじ）ＪＲ東日本副社長が、りそなホールディングスの会長として送り込まれた。当初は、「国鉄マンに銀行経営ができるのか」などと危惧されたが、細谷は見事にその役割を果たした。

結局、小泉内閣が幕を閉じる直前の決算期（2006年3月期）の主要行の不良債権比率は1・9％で、ピーク時の8・4％の4分の1になった。こうして、小泉内閣のもとで不良債権処理のメドが付いたのである。

小泉内閣は、諮問会議を活用したりして、政策形成過程の透明性を高め、既得権益や抵抗勢力と戦い、結果を残す。郵政民営化や拉致問題の解決にも大きく貢献した。

台頭するネット証券の雄・松井証券

総務省の情報通信白書によると、インターネットの普及率は、商用利用になった93年から5年後に10％を超えた。その後急速に伸びはじめ、2002年には81・4％に達する。そのように通信環境が整うにつれ、インターネット上での新たなビジネスも生まれていった。

第4章でも述べたように、証券界でも、野村、大和など大手証券がネット証券を設立しただけでなく、SBI証券、楽天証券、マネックス証券、岡三オンライン証券、auカブコム証券などのネット証券会社が、次々に生まれた。

こうしたネット証券会社の出現も、平成時代の特徴の一つといえる。そのパイオニアとして証券業界を牽引（けんいん）したのが、松井証券だ。

〝革命児〟と呼ばれた松井道夫（みちお）社長が率いた松井証券は、まさにユニークな道を歩んでいる。

筆者が松井道夫に最初に会ったのは、証団協の委員長をしていた1990年代のことだ。場所は、兜町の東京証券取引所の近くにあった松井証券本社だった。その応接間は、小さな薄暗い感じの部屋だったのを覚えている。

松井は一橋大学を卒業し、日本郵船に勤務していたときに、弟の妻の紹介で松井証券2代目社長の一人娘と知り合った。それが縁で松井家の女婿となるが、当初松井証券を継ぐ意志はなく、日本郵船で働き続けるつもりでいたという。それが、岳父の松井武（たけし）と何度となく顔を合わせているうちに、それが運命であったかのごとく、だんだんと気持ちが変わっていったという。

1995（平成7）年に松井証券の社長に就任した後は、矢継ぎ早に改革を実施する。最初に手掛けたのが「株式保護預かり手数料の廃止」だった。

当時、どの証券会社も顧客の株式を預かると手数料を徴収していた。松井の証券会社経営の哲学は、「顧客の利益になることは会社の不利益になっても行う」だった。その哲学に基づいて、「店頭株の手数料半額制度」など顧客の立場に立った改革を次々と実施していった。

さらに松井は、「歩合給営業制度の廃止」も打ち出す。当時、中小証券には歩合給営業員が大勢いた。手数料の6割を会社に入れ、4割が営業員の収入となっていた。つまり、実力次第でいくらでも稼げる。中には年収1億円を超すような歩合外務員もいた。

一方で証券会社にもそれ相応の収入があるので、これを廃止するという発想は、他の中小証券経営者にはなかった。それを松井はきっぱりと廃止し、電話注文に切り替えたのだ。そのような改革に、岳父の松井武は一度も反対しなかったといわれる。

筆者が見た松井道夫の印象は、そのまま「証券界の旧態依然とした慣習を次々に壊していった革新的経営者」だった。

証券界は、1999（平成11）年に固定制だった株式売買手数料を自由化するが、松井はその前年の1998年5月に、日本初のインターネット証券を「ネットストック」というブランド名で立ち上げる。そして、手数料の完全自由化ののちは、独特な手数料制度への道を進んでいった。

「一日定額制の導入」もその一つである。一日3回、300万円までなら手数料3000円の定額制とした。そのようにして、松井証券を東京証券取引所1部上場の大手ネット証券会社に育て上げることに成功した。

2003年7月24日、東京証券取引所で4-6月期決算を発表する松井証券の松井道夫社長
（写真提供：共同通信社）

当時、筆者は日本経済新聞紙上で松井証券の大きな広告（全10段）をよく目にした記憶がある。中小証券なのにずいぶん余裕があるなあと思っていたのだが、日経新聞の記者から、そのカラクリを教えてもらった。

松井証券は、いつでも出稿可能な広告原稿を用意しておいて、広告スペースに急遽（きゅうきょ）空きが出たときに掲載するようにしているのだという。そうすれば、通常よりかなり安価な料金で広告掲載ができるのだそうだ。

このような松井社長の改革の原点には、一橋大卒業後入社した日本郵船での経験があった。海運業界は、1984（昭和59）年にオイルショック後の不況と重なり、採用を減らすという転機を迎えていた。それまで、事実上のカルテルだった海上運賃が自由化され、運賃がそれまでの20分の1に下がったりしていた。それは、手数料自由化後の証券界と似ていたのだ。松井は「なんだ、日本郵船時代と同じじゃないか」と感じたという。

松井証券は、その後も順調に発展し、携帯電話による売買サービス、ネット中国株取引など、斬新なサービスを次々と打ち出した。また、引受業務も始め、中小証券会社を牽引する存在となっていく。

しかし現在は、SBI証券のように大型ネット証券の出現もあり、ネット証券界の競争も熾烈を極め、株式手数料の引き下げ競争はついに「ゼロ時代」に突入しつつある。ネット証券も、業務の多様化などさらなる改革なしには生き残れない時代だ。

SBI証券や楽天証券は、連携を深める地方銀行や独立系金融アドバイザーを使い、対面の助言に力を入れるようになっている。auカブコム証券は大株主のKDDIと連携し、スマートフォンを使った投資の利便性向上に力を入れている。ネット証券も新時代を迎えようとしているのだ。

松井道夫社長は、２０２０年6月、株主総会で引退を表明。その引退表明の記者会見で、こう心境を吐露している。

「世の中は急速な変化の真っただ中で、自分の価値観が時代にそぐわなくなる危惧があった」

時代の変化のスピードはわれわれの想像を絶するものがあるが、松井道夫という証券会社の経営者の足跡が忘れられることはないだろう。

企業コンプライアンスの一里塚となった二つの法律とは

平成は、企業や証券市場に絡む不祥事が相次ぎ、ルール整備に追われた時代でもあった。そんな中で制定されたのが、「会社法」と「金融商品取引法」である。

まずは「会社法」から説明しよう。

制定のきっかけになったのは、１９９５（平成7）年に発覚した大和銀行ニューヨーク支店の巨額損失事件である。大阪地裁は、２０００年、損失拡大を見逃した取締役の責任を認めた。この判決を踏まえ、法令順守を徹底する仕組みの構築を求めて、２００５（平成17）年6月に「会社法」が制定された。

日本経済新聞社の調査によると、「企業法務・弁護士調査」で、平成の30年間の企業法務でもっとも重要と考えられるとの回答を得たのが、この「会社法の制定」であった。

じつは日本にはこれまで、固有の法律としての「会社法」は存在しなかった。会社に関する法の総称を「実質的意義の会社法」として「会社法」の用語が使われていたのである。

日本における、会社に関する最初の一般的規則は「商法」だった。その後、商法は1899（明治32）年に改正され、現在の商法、会社法の原型となる。とくに、商法の会社法関連規定は高頻度で大改正され、わが国の会社に関する一般規定として存続してきた。

それが、第二次世界大戦後になり、会社不祥事をきっかけに監査役制度の強化が図られ、指名委員会等設置会社や内部統制システムの導入など、会社に対する規制が強化されてきた。一方、資金調達に関しては調達手段を多様化、拡大し、規制を緩和・合理化する方向で進んでいった。

2005年に制定された「会社法」の役割は、三つある。

第一に、会社の取引相手を保護すること。第二に、利害関係者の権利・利益を保護し、会社制度によって利益を得やすい柔軟な仕組みをつくること。第三に、法律関係を明確にし、争いを長期化させないこと。これは、例えば「会社の組織に関する訴え」の多くは、一定期間内に訴訟しなければ、法的主張をできないようにするというものだ。

さらに「会社法」には、従来よりも取締役の権限を強化するとともに、M&A（合併・買収）をしやすくして企業の活性化を促すという目的もあった。

一方、2006年に制定されたのが「金融商品取引法」である。「証券取引法」の無視や違反事件が続いたので、金融庁は改正と厳罰化の必要性を痛感していた。その決定的な要因となったのは、2003（平成15）年、大阪証券取引所（大証）による「先物取引粉飾事件」である。

大証は、看板の先物取引の不振を打開したいとの思惑から、地場の光世（こうせい）証券と大和証券大阪支店と図り、先物の注文を、売りと買いを同数で発注し見せかけの出来高の多さを誇示した。これにより、参加投資家を増やそうとしたのだ。しかし、結局は露見し、関係者は逮捕起訴されることになる。刑事事件としては、私腹を肥やすものではなく、大証の先物取引を支える目的で、やむをえないものとして無罪。民事事件としての訴訟でも和解が成立したものの、大証の信用は失墜した。

証券取引の公正性、妥当性を確保すべき守護神である金融庁は、従来の「証券取引法」の改正ではなく、これを廃止し、新たに「金融商品取引法」を制定して、監督規制の強化に踏み込まざるをえなかった。

その後、大証自体も、東京証券取引所と合併して「日本証券取引所」となり、大阪市場は先物中心の実務を行うこととなった。これも証券界の歴史に残る一ページである。

2006年に制定された金融商品取引法は、証券市場における株式、公社債、信託受益権などの有価証券の発行や売買、デリバティブ取引に関して、開示規制、企業規制、不公正取引規制、関連するエンフォースメント（法や規制の執行）などを規定する法律である。

この中には、インサイダー取引などの不正な取引を排除するための規制や、有価証券そのものや有価証券の発行会社などの関連法人の開示に関するルールも含まれ、また、それぞれの金融商品を取り扱う業者についての取り扱いも定めている。

金融商品取引法は、「国民経済の健全な発展及び投資者の保護に資することを目的」としており、「発行市場規制」と「流通市場規制」の二つの内容から構成されている。「発行市場規制」は、証券をこれから発行しようとする段階で公正な発行を促す目的で、発行者、証券発行の仲介者、その他の関係者の規制をしている。

「流通市場規制」は、証券を発行した後に、市場での証券の公正な取引と流通を促す有価証券届出書と有価証券報告書の二つの企業内示制度を基に、関係者の規制をしている。

これらの規制は、米国での企業の粉飾決算を防ぐ企業改革法（SOX法）を受けて、証券取引法などを再編して制定された。また、2005年のカネボウの粉飾決算（後述）を教訓に、上場企業に会計不正を防ぐ内部統制報告書の公開を義務付けている。

4年間だけ存在した「産業再生機構」誕生の裏側

不良債権処理に合わせ、負債を抱えた企業の再生も必要だとして、財務省の提唱によって設立されたのが「産業再生機構」である。「株式会社産業再生機構法」に基づき、2003～07

年までの４年間だけ存在した、わが国の特殊会社であった。

この機構は、金融再生プログラムの一環として、スウェーデンの国有資産管理会社「セキュラム」をモデルにつくられたといわれ、預金保険機構が株式の過半数を保有していた。

その機構の社長として、財務省が最初に白羽の矢を立てた金融・証券の人物が二人いた。

一人は大和証券出身で、大和ＳＭＢＣの社長を務めていた清田瞭（きよたあきら）、もう一人は、野村証券の副社長から生命保険会社の関連会社の社長をしていた斉藤惇（さいとうあつし）だった。清田は、当時、大和証券の原良也（はらよしなり）社長の有力後継候補であったこともあり、結局、野村証券の斉藤惇が産業再生機構の社長に就任した。

この機構は、「債権を小口の債権者から割引価格で集中して買い取り、主力取引銀行と協力して債権放棄を行うことで再建を進める」というものだった。債権を小口の債権者からどれだけの価格で購入するかなど問題は多かったが、斉藤の手腕は見事で、一躍時の人となった。

斉藤惇の優秀さは、筆者もよく知っていた。筆者が米国大和の社長をしていたときに、斉藤も米国野村にいたので、よく顔を合わせた。斉藤は読書家で学者肌の面もあり、部下の人望も厚い。さすが野村には優秀な人材がいるものだ、と感心したことを思い出す。

斉藤は、産業再生機構の後も、日本取引所グループ（東京証券取引所グループと大阪証券取引所が２０１３年に経営統合してできた）のＣＥＯになったりした。奇遇と思われるのは、共に産業再生機構の社長候補だった清田瞭が斉藤の後任として、現在、日本取引所グループのＣＥＯ

を務めていることだ。人生には面白い縁がいろいろなところに潜んでいるものである。

産業再生機構は、ダイエーやカネボウ（後述）、ミサワホームなどを含む41件の再生を支援し、日本の経済に大きく貢献した。

例えば、ダイエーは1970〜90年代前半に小売りの王様として君臨したが、90年代後半から経営悪化が表面化し、2002（平成14）年3月19日に、産業再生法の適用を申請した。同法初の適用事例となったが、経営再建はままならず、04年には自主再建の道を模索しながら、産業再生機構の支援を受けることになった。07年に丸紅、イオンと3社で資本業務提携したが、イオンがその後、段階的にダイエーに追加出資し、15年に完全子会社化する。

その後、民間企業の支援のために、「産業革新機構」（2009〜18）、「産業革新投資機構」（2018〜）などの外郭団体が設立。産業革新機構は2011年3月の福島第一原子力発電所の事故で、事実上経営破綻した東京電力を支援してもいる。

ホリエモンに群がって甘い汁を吸った人たち

2005（平成17）年頃、〝ホリエモン〟は時の人だった。日本一有名な経営者・堀江貴文の姿をメディアで見ない日はなかった。

筆者も、当時『勝ち組に学べ！』という書籍（磯崎圭二との共著・シグマベイスキャピタル刊）

を執筆するにあたり、堀江とは何回か面談した。場所は、当時ライブドアの本社のあった六本木ヒルズ38階の応接室。筆者の見た第一印象は「飾り気のないナイスボーイ」だった。話し方も、彼の服装同様に「ノーネクタイ調」で、若手の経営者によく見られるような気取りや格好付けたところもなく、本音をオブラートに包まずズバリと表現するところは、ごく自然で好感が持てた。

堀江は２００３年、経営破綻した無料プロバイダー「ライブドア」を買収し、自ら創業していた「オン・ザ・エッヂ」の社名をライブドアに変更していた。

当時は新進の企業家として注目されたが、料理に例えれば、付け足しの「珍味的存在」などといわれてもいた。それが翌年、近鉄バファローズ買収騒動あたりから、堀江の名前は全国区となる。さらに２００５年には、いわゆる「郵政解散」に伴う総選挙に立候補。小泉政権の放った刺客として、亀井静香の地盤の広島から無所属で立候補し、結果は落選したが、強いものに向かっていくドン・キホーテ的姿勢は若者の圧倒的な支持を得た。

一方で、ニッポン放送の株を取得し、フジテレビの支配を目論んだ（結果は失敗）あたりから批判的な目で見る人も増えてきた。そして「ライブドア事件」が起こる。

２００６年1月16日、東京地検特捜部がライブドア本社の捜査に入り、1月23日には偽計、風説の流布などの証券取引法違反で、堀江はＣＦＯ（最高財務責任者）・宮内亮治などの幹部と共に逮捕された。同時に、ライブドアの監査をしていた港陽監査法人の二人の会計士も在宅起訴される。

当時は、売上高を水増しするための「循環取引」が横行していた。年度末に他社に商材を売ったように見せかけて売り上げを立て、後日、その売却先から買い戻す、というものだ。これは粉飾決算であり、投資家を騙すことでもあるので、決して許されることではない。堀江は2011年、最高裁で懲役2年6か月の実刑判決が確定し、収監された。これが、いわゆる「ライブドア事件」である。

こうした証券取引法の無視や違反が多発していたので、検察は、一罰百戒の意味も込めて堀江を逮捕、処罰した、つまりは〝見せしめ〟なのではないかともいわれた。

ここで、ライブドア事件を振り返ってみたい。

堀江の罪状は「マネーライフの企業買収をめぐる偽計、風説の流布、粉飾決算、有価証券報告書への虚偽記載など」だが、偽計、風説の流布での有罪判決は無理だろうといわれていたし、粉飾決算、有価証券報告書への虚偽記載は確かに問題ではあるが、それでも「執行猶予付きの有罪判決」程度だろうというのが、大方のマスコミの見方だった。堀江自身も「検察が勝手に打ち上げた花火だ」とぼやいていた。

検察の捜査は恣意的なものだと言うマスコミ関係者もいた。「ニッポン放送を買収し、フジテレビを乗っ取ろうとしている社会秩序を乱すけしからんやつ。それを許しておくのはまずい。

そのための見せしめ逮捕だ」と。

検察は堀江主導を印象づけようとしていたが、これにもずいぶん無理があるように筆者には思える。東京地裁の判決文にも「検察が主張するように、被告人が最高責任者として本件各犯行を主導したとまでは認められない」と明記されている。

2005年2月8日、ニッポン放送の株式35%を取得し、記者会見するライブドアの堀江貴文社長
（写真提供：共同通信社）

一方で当時、堀江社長のまわりには、金儲けを目的とした連中が数多くいた。2008年に破綻した米国の大手証券会社リーマン・ブラザーズもその一つである。リーマンの社員は、稼ぎに応じて支払われる多額なボーナスのためにあらゆる手段を弄し、堀江から甘い汁を吸っていた。

例えば、ライブドアがリーマン・ブラザーズ主幹事で発行した、特殊な転換社債を利用して儲けたのだ。リーマンの法人部は、堀江の所有するライブドア株を「担保にするから」などのさまざまな理由を付けて借り入れ、それを売って儲けていた。その転換社債は、発行後に株価が下落すれば転換価格も下方修正される仕組みの、いわゆる「MS型転換社債」だった。

当時、リーマンは、それぞれの部署の利益の一定のパーセントがボーナスとして支給される給与体系になっていた。リーマンの日本法人の法人部は、ライブドア株式を売却して儲けた。リーマンにはリスクがないからくりになっていて、その手法で100億円以上の利益を上げ、担当幹部の中には10億円のボーナスを手にした者がいたなどの噂も流れた。

その後、転換価格が下方修正されるような特殊な仕組みの転換社債の発行は禁止された。

前述の『勝ち組に学べ！』も、2005年の出版時はある程度売れていたが、翌年1月に堀江が逮捕されて以来、売れ行きが細ったこともあり、「ライブドア事件」は鮮明に筆者の記憶に残っている。

時代は流れ、その堀江も、今では元気にメディアにも出演し、民間ロケット開発など新しい夢を追いかけている。

リーマン・ショックで、戦後2番目の巨大倒産が起きていた

2008（平成20）年9月15日、リーマン・ブラザーズの破綻を契機に、「リーマン・ショック」が世界を駆け巡った。この信用不安は「100年に一度の世界金融危機」といわれ、世界

経済は大打撃を被(こうむ)った。

このリーマン・ショックが起こる半年前、米国で、途方もない危機のマグマが地表に噴き出そうとしていた。その震源が「サブプライムローン」である。

サブプライムローンとは、米国の住宅ローンのカテゴリーで、所得の低い人向けの金利優遇のないローンを意味する。実際にローンを貸し出した金融機関は、債権を証券会社に売却し、証券会社はこれを小口証券化して、他の金融商品と組み合わせて販売していた。こうして「毒入り資産（Toxic Assets）」と呼ばれる怪しげな金融商品が、世界中にばらまかれていた。

そして、住宅バブルが崩壊。サブプライムローンの返済不能者が続出した。これを購入していた金融機関が危機に陥り、世界中に金融システムの不安が広がって負の連鎖が実体経済に及んだ。

この影響で、米国第5位の証券会社ベアー・スターンズが経営危機に陥るが、ＦＲＢ（米連邦準備制度理事会）が緊急融資を行い救済する。これで危機は一時的に回避されたように見えた。だが皮肉なことに、この救済が危機をさらに広める結果となる。逆に、サブプライム問題を世界中に認識させる結果となってしまったのだ。これが、その後のリーマン・ショックの引き金となる。

ベアー・スターンズ救済の半年後、米国第4位の証券会社リーマン・ブラザーズが経営危機に陥る。しかし今度は、ＦＲＢも米国財務省も救いの手を差し伸べなかった。9月12日、ポールソン財務長官はあらためて公的資金の使用を否定した。
このようにして起こったリーマン・ショックは、米国だけにとどまらず、世界中に大きなショックを与えた。

日本法人のリーマン・ブラザーズ証券は、従業員1200人を抱え、東証売買代金で証券会社トップに立つビッグプレーヤーだった。9月12日の夜、ポールソン長官の「リーマンの買収交渉が難航している」との報告が日本側にもたらされ、翌13日の土曜日にはFRB議長のバーナンキからも「リーマンの破綻法申請は不可避」との連絡が日銀にもたらされる。

結局、9月16日、日本法人リーマン・ブラザーズ証券は、東京地裁に民事再生法の適用を申請。負債総額は3兆4314億円で、戦後2番目の大型倒産となった。

リーマン・ブラザーズが破綻したその日、米証券会社第3位のメリルリンチも破綻したが、こちらはバンク・オブ・アメリカに救済売却された。米国政府は、日本でいえば三洋証券のような〝準大手〟のリーマン・ブラザーズに対してはハードランディングの対処をしたが、四大証券クラスに相当するメリルリンチは救済するという明確な方針で臨んだのだ。

さらに、その翌日には、大手保険会社AIGがFRBから緊急融資を受け、公的管理下に入る。その後も、欧米の金融市場のあちこちで火の手が上がり、信用収縮の連鎖が広がった。それは、1929年の大恐慌を彷彿させる規模となる。米議会で「金融安定化法」が否決され、ニューヨークダウが史上最大幅の暴落を演じたのだ。

野村証券によるリーマン買収は間違いだったのか

わが国の経済も、リーマン・ショックで大打撃を受けた。鉱工業生産は2桁のマイナスを記録し、「世界同時不況」という言葉が経済の混乱ぶりを如実に示している。

日経平均も、再び1万円を割り込んだ。暴落は続き、2008年10月27日の日経平均株価は7162円と、それまでの最安値であった2003年4月28日の7607円をも下回り、バブル崩壊後の最安値となった。

2008年末には、東京日比谷公園に年越し派遣村が開設され、職を失った労働者のための野営が張られた。急激な円高・ドル安になり、景気はつるべ落としの状態となる。2009年に入ってもリーマン・ショックの余波は収まらず、苦境に陥った企業は、人員削減等のリストラを次々に発表し、「派遣切り」が流行語になったりした。

2009年3月には、バブル崩壊後最安値となる7054円98銭を記録する。こうした中、同年8月の衆議院選挙では、民主党が308議席を獲得し、119議席にとどまった自民党に大勝。鳩山由紀夫（はとやまゆきお）民主党内閣が誕生し、政権交代が実現した。

しかし日本はその後、不幸な災害に見舞われる。2011年3月11日の東日本大震災である。

直後には福島第一原発事故が起こり、15日には日経平均が1015円34銭（10・55％）安と、下落率歴代3位を記録した。

わが国の株価低迷が一転したのは、2012年末に二度目の総理大臣就任を果たした安倍晋三の経済政策への期待感からだった。日経平均は2012年以降、6年連続で上昇し、2017年は年末の水準として26年ぶりに2万円台を回復した。その年の米トランプ大統領就任以降も、回復基調は続く。

日銀は、最近、2009年7～12月に開いた金融政策決定会合の議事録を公開した。政権交代直後の民主党政権が「デフレ」を宣言し、一段の金融緩和への圧力を強める一方で、白川方明総裁をリーダーとする日銀では「デフレ」という表現を使うかどうかが、議論されていた。

そのあたりの事情について、当時の日銀副総裁の山口廣秀が、読売新聞紙上で興味深いコメントをしている。

「2009年夏以降の日本経済は、前年のリーマン・ショックによる景気後退や金融市場の収縮から脱しつつあったが、自律的な回復に向かうかは自信が持てない状況だった。消費者物価の下落も続いていた。11月20日の政府による「デフレ宣言」は、やや唐突感があった。デフレには、さまざまな意味があり、景気の悪い状態を指す場合もあれば、資産価格の下落を意味することもある。（中略）結果的に、日銀がデフレという言葉を避けていると受け止められたことは残念だ。日銀は『やれることは何でもする』という姿勢で金融政策を積極果敢に進めた。同時に、市場機能をゆがめてはいけないという意識も強かった。（中略）しかし、今にして思うと、市場や国民などとの対話が必ずしもうまくできていなかった」

その後、野村証券が破綻したリーマン・ブラザーズを買収したが、その買収劇も印象に残っている出来事の一つだ。

野村社内では、この買収に関しては賛否両論があったといわれる。とくに国内畑の人たちのほとんどが反対した。ある役員によると、7割が反対だったという。しかし、当時の野村証券の国際部担当の副社長の意向が決め手となり、買収が決まった。

結果的に、この買収は野村証券に大きな損失を与えたので失敗だったという意見が、多く聞かれた。しかし同時に、野村証券はこの買収を通して、多くのことを学んだのではなかろうか。投資銀行業務の拡大が必要な日本の大手証券会社にとって、リーマン・ブラザーズ証券の買収は、将来の発展のための踏み台として必要だったとも解釈できる。

米国野村には、1990（平成2）年頃、すでに年俸が10億円を超える外国人幹部社員が7人いた。1980年代から国際化を目指してきた野村証券は、日本の証券会社として一歩先を歩んでいたように筆者の目には見える。買収の成功・失敗は、損失額だけでは計れないのではないだろうか。

「繊維が斜陽産業になった」からカネボウは潰れた?

カネボウという名前を記憶している人もだいぶん少なくなっただろう。

1887(明治20)年、墨田区鐘ヶ淵で創業したことから社名を鐘淵紡績とし、後に「カネボウ」と改称した。戦前は、繊維産業がかつての鉄鋼、現在でいえば自動車産業のような基幹産業で、昭和初期までは国内企業の中で売上高1位を誇り、隆盛を極めた時代があった。カネボウは、名門中の名門企業だったのである。

1945(昭和20)年の大空襲で兵庫工場など国内外の工場を失い、ゼロからの出発を余儀なくされたが、それでも終戦時のわが国を代表する企業といえば、それはやはり「カネボウ」だった。

戦後は多角化を進め、繊維・化粧品・食料・薬品・日用品などの事業を展開する。とくに化粧品事業は、1980年代の安定成長期に、猛烈な営業攻勢と人気タレントを起用した宣伝広告で、業界首位の資生堂を追い上げていた。

筆者もこの頃のカネボウの勢いはよく覚えている。大和証券時代に担当していたことがあるからだ。カネボウの当時の社長・伊藤淳二に会いに行ったときのことである。伊藤はカネボウの「中興の祖」といわれ、2003(平成15)年に名誉会長を退くまで35年余も君臨していた。

伊藤体制下でのカネボウは、その雰囲気が、他の大企業とは明らかに違っていた。

訪れるとまず、秘書に社長室の前まで案内された。社長室の前に立っていると、別の社長秘書が近づいてきて筆者の名刺を受け取り、50畳はあろうかと思われる大きな社長室の中に入っていった。伊藤は、奥の立派なデスクの向こうにいた。秘書が筆者の名刺を渡すと、伊藤は一瞥（いちべつ）して黙ってうなずいた。

筆者は、社長秘書に導かれてようやく応接椅子にたどり着き、社長に一礼して椅子に座ることができた。筆者は、事前に社長とのアポイントをとっており、まっすぐ社長デスクまで案内されるのだと思っていたので、その格式張った雰囲気に圧倒された。

後に伊藤は、カネボウでの経営実績が評価され、1985（昭和60）年には日航ジャンボ機墜落事故で経営再建が急務だった日本航空の会長に招聘（しょうへい）された。しかし、労使対立が激しい日航では結果を出せず、1年余りで更迭されている。

2000年代に入るとカネボウの業績は次第に悪化し、2004年3月、発足間もない産業再生機構による支援が決定。1000億円単位の国費が投入された。当時、売上高5000億円、従業員数1万4000人の老舗繊維メーカーの社長以下役員が総退陣したが、結果的には2008年に破綻することになる。

しかし、カネボウの破綻を、繊維が斜陽産業になったからとか、一部の経営者の問題などとして片付けることはできないように思われる。

カネボウは、繊維事業の赤字を化粧品事業が補完する収益構造で乗り切ろうとしていたが、売り上げ目標は達成できず、業績は急降下していった。その後、経営陣は、2001年度の債務超過を隠すために粉飾決算に手を染めていった。2005年5月、東京証券取引所はカネボウ株の上場廃止を決定する。

そのカネボウの最後の社長が、中嶋章義（なかじまあきよし）だった。中嶋は、赤字を垂れ流してきた不振事業の整理・再編を進めるとともに、粉飾に手を染めた歴代経営陣の責任追及をする役割を担った。結果、2005年7月、前社長・帆足隆（ほあしたかし）らが証券取引法違反容疑で逮捕された。さらに2000億円超の粉飾決算が明るみに出て、前述のとおり、カネボウの株は上場廃止の運命をたどる。

これら一連の粉飾事件の一因として、監査法人の担当リーダーが10年にわたって同一人物だったことが問題視された。粉飾決算を指南した中央青山監査法人の公認会計士4人は、証券取引法違反で逮捕された。2006年には、同監査法人は金融庁から業務停止命令を受け、後に解散に追いやられている。

カネボウは、結局、2007年6月30日に清算決議し、同時に社名を「海岸ベルマネジメント」に変更した。その後、2008年11月11日に、トリニティ・インベストメントに清算目的で吸収合併されて121年の歴史に幕を閉じた。

カネボウの最後のトップとして無我夢中で走り続けた中嶋は、心労もあったのか、2019

年8月に69歳で息をひきとっている。

JAL破綻の原因は、リーマン・ショックだけではない

証券業界にとって、2010（平成22）年のJALの破綻は、想像すらできない衝撃的事件だった。何があっても潰れることなど考えられない、国策会社の倒産劇だったからだ。

2010年1月19日の倒産発表の日に、当時のJALの社長が、テレビの前で深々と頭を下げていた姿は、今でも筆者の脳裏に鮮明に刻まれている。また、従業員5万2000人のうち、1万6000人を人員削減した折に、制服姿のJALのキャビンアテンダントの一人がお別れの花束を抱えて、廊下をうつむき加減に歩いていた寂しげな姿も忘れられない。

それは、総額2兆3221億円の負債を抱えての倒産でもあり、一般株主の所有していたJALの株式の価値がゼロになった瞬間でもあった。

JAL倒産の直接のきっかけは、2008年のリーマン・ショックで、ビジネスマンなどの移動が激減したことなど、世界経済がシュリンクした（縮んだ）結果にあったことは否定できないだろう。だが、2007年に解散した産業再生機構（236頁参照）とほぼ同じ機能を持つ企業再生支援機構の委員長であり、JAL管財人統括の瀬戸英雄（せとひでお）弁護士は、倒産の原因を次のように分析している。

「バブル経済が崩壊し、また、世界の航空会社の事業形態が変化するなかで、かつて成功した大型機材の大量保有による少頻度大量輸送モデルの事業構造は、硬直化し、不採算路線の撤退もできず、その一方で、肥大化した組織と余剰人員を抱え、賃金体系は不均衡が生じるなど、非効率な高コスト体質に陥っていた。（中略）リーマン・ショックに端を発する金融危機、さらには新型インフルエンザによる急激な世界規模の航空需要の低迷は、同社の経営に深刻なダメージを与えた」

当時、ＪＡＬの再生請負人として、何人かの著名な経営者の名前が挙がっていた。しかし、瀬戸英雄弁護士は、「ＪＡＬを再生できるのは、京セラの稲盛和夫名誉会長しかいない」と考えていたという。瀬戸は初めから稲盛しか頭になく、どうしたら引き受けてもらえるかを考えていたと、筆者に話していた。

稲盛は、２００９年の暮れに最初に依頼されたときは、「その任にあらず」と断っている。すでに年明けに78歳を迎える高齢でもあり、65歳のときには出家もしている。周囲からは「晩節を汚すことになってはいけない」と、引き受けることに反対した人たちもいたといわれる。

それでも瀬戸は諦めなかった。当時、稲盛が後ろ盾になっていた民主党の前原誠司（まえはらせいじ）国土交通大臣から頼まれたこともあり、最終的には稲盛から「経営指導という立場であれば」との言葉を引き出すことに成功した。稲盛は、国のため、大勢のＪＡＬ社員の雇用を守るために、無給で会長職を引き受けたのだ。

稲盛和夫・京セラ名誉会長は、なぜＪＡＬを再建できたか

稲盛が、２０１０年2月1日に会長に就任して最初に感じたのは、親方日の丸の意識の強さであり、商売感覚の欠如だったという。「それまでのＪＡＬの社風、社員の意識を根本から変えてもらわなきゃだめだ」と思い、まず、選抜した50名ほどの幹部社員を集めて話をすることから始めた。

そこで稲盛は、27歳で京セラを興してから、自分なりにつくり上げてきた経営哲学などを語った。「謙虚にしておごらず、さらなる努力をすべし」「経営者は、物事を損得で考えてはならない。善悪で判断すべきである」「故に、経営者はまず人間性を磨かなければならない」などと説いた。

当時、稲盛の下でＪＡＬ社長を務めていた植木義晴が、日経新聞（２０２２年9月4日付）で次のように語っている。

「幹部に対してはここまでやるのかという一番厳しい叱り方をする。会議が終わると立てなくなるくらい。（略）でもそれは本物の情熱と愛情を持っての叱り方。稲盛氏の人徳だからこそ、ついていけた」

稲盛は決して、優しい言葉だけを掛けていたのではないことがわかる。ただ、ＪＡＬを再建

したいという強い情熱と、稲盛独特の言い回しで語られたことで、ＪＡＬ役員も受け入れたのではなかろうか。

筆者にも、稲盛との間で似たような思い出がある。もう半世紀も前の話になるが、京都の京セラ本社の会議室で、まだ40歳代の稲盛社長が、隣に座っていた米国・サンディエゴの米国京セラから出張してきていた副社長に、「おまえ、何言ってんのや」と笑顔の中に厳しい言葉をかけていた。言葉の内容は厳しいが、そこにはユーモアもあり、茶目っ気さえ感じられた。何よりも、そこには、会社をよくしたいという稲盛の情熱があった。そのような光景は、ＪＡＬの幹部会でも見られたという。

稲盛は、ＪＡＬの幹部社員と話しているときに、テーブルの反対側に座っていた役員に、「おまえ、何言ってんのや」と、テーブルの上のおしぼりを投げつけたことがあった。その後、その取締役がトイレに立ったとき、稲盛は隣に座っていた副社長に、「彼はかわいいね。もう少しいじめてやるか」とつぶやいたという。

ＪＡＬの経営者が稲盛でなく、ただ優しいだけの経営者であったら、再建できたかどうか疑問である。そのような稲盛経営のエピソードには事欠かない。

例えば、これは瀬戸弁護士に聞いた話だが、ＪＡＬの幹部会議で稲盛は、しばしば財務内容の数字について質問してきたので、答えられなかった幹部はその後、猛勉強するようになったという。後日、稲盛に「どうして、そのような数字上の問題点がすぐにわかるのですか？」と尋ねた幹部に、稲盛は「数字が私に語りかけてくれるんだよ」と答えたという。

また稲盛は、パイロットやキャビンアテンダントの一人ひとりによく話しかけたという。

あるとき、稲盛が、機内の状況を視察した後、タラップを降りてくると、航空機の横に10人ほどの整備士が整列していた。普通の経営者なら整備士を横目で見て通り過ぎるのを、稲盛は、整備士一人ひとりと握手を交わすという愛情のこもった対応をしたので、社員の士気がさらに高まったとされる。厳しい叱責をするだけではなく、そこには常に、人間としての稲盛の優しさ、愛情が潜んでいるのだ。

2010年2月、日本航空の会長に就任し記者会見する稲盛和夫
（写真提供：共同通信社）

また、こんな話もある。JALが提携先を決めるにあたって、国土交通省の意向どおり「デルタ航空」という意見が多かった中で、稲盛は、「JALはこれまで、アメリカンエアラインズといろいろなことを一緒にやってきたのだから」と、同社との提携関係を維持することを選んだ。

かつて稲盛は、筆者に「京セラに最

初に融資をしてくれた京都銀行の恩は一生忘れない」と、よく言っていた。それを証明するように、ＪＡＬが倒産後、再上場するときに、ＪＡＬ株式の購入を京都銀行に依頼している。

倒産直後から、ＪＡＬの再建は不可能だといわれてきた。しかし、稲盛新体制の下で、徹底した事業構造改革と経営の合理化を推進し、ＪＡＬは世界でもトップクラスの高収益会社に生まれ変わる。稲盛の経営哲学は、あの有名な「アメーバ経営」だった。「一人ひとりの社員が主役で、自ら採算を考える」経営である。

稲盛は再建に成功しただけでなく、2年8か月という短期間で2012年9月19日に、東京証券取引所への再上場にも成功する。その手腕は、見事としか言いようがない。

オリンパス粉飾事件は1987年から始まっていた

バブル期に多くの企業が財テクに走ったことは前述したが、バブル崩壊後、当然ながらその損失は大きく膨らんだ。中には、正規に処理できず隠蔽（いんぺい）して、粉飾決算で闇に葬ろうとする企業もあり、いくつかは大きな事件に発展した。２０１１（平成23）年に発覚したオリンパス粉飾事件も、そんなバブル後遺症の一つである。

精密機械メーカー大手オリンパスが、財テクに手を染めたのは、１９８７（昭和62）年の頃だった。その資金運用はバブル期には成果を上げたが、バブルの崩壊と共に含み損が拡大していった。その隠蔽された損失に初めてメスが入れられたのは、１９９９（平成11）年だった。監査法人が「飛ばし」を発見したのだ。

99年９月に１７０億円の飛ばしを解消し、特別損失を計上したが、実際の含み損は、その時点ですでに９５０億円になっていた。

その損失を隠すため、オリンパスはタックスヘイブンのケイマン諸島にファンドを設立して、手持ち有価証券を簿価（「帳簿価額」の略。会計帳簿に記録された資産、負債の評価額のこと）で売却することにより、損失を簿外に隠した。さらにその損失を穴埋めするために、企業買収を利用した。

例えば、２００８（平成20）年のイギリスの医療機器メーカーであるジャイラス・グループの買収では、ケイマン諸島に登記されていた野村証券ＯＢが設立した投資ファンドなどに対し、ジャイラス買収額２１１７億円の32％に相当する総額６８７億円ものジャイラス優先株買取代金等が支払われていた。

このように、実態とかけ離れた高額な企業買収をし、その投資失敗による特別損失として計上して減損処理をしていた。オリンパスのこうした隠蔽は、20年にわたり続けられていたのだ。

２０１１年、雑誌『月刊ＦＡＣＴＡ』のスクープで、すべてが表面化する。このとき、オリンパス社内では、粉飾決済問題はイギリス人社長解任劇へと発展していた。

２０１１年４月に、オリンパス欧州法人社長から本社社長に就任したマイケル・ウッドフォードは、この粉飾決算に利用された企業買収を調査し、同年10月、一連の不透明で高額な企業買収により会社と株主に損害を与えたとして、当時の会長と副社長の引責辞任を促した。ところが、その３日後に開かれた取締役会で、反対にウッドフォードが社長職を解任されてしまった。粉飾を追及しようとして、逆襲されたのだ。

しかし、その４か月後の２０１２年２月、東京地検特捜部が逮捕したのは、菊川剛(きくかわつよし)会長ら日本の役員だった。この３人の役員、菊川剛会長、森久志(ひさし)副社長、山田秀雄(ひでお)常勤監査役に対して、最高裁は２０２０年10月22日に５９４億円の損害賠償の支払いを命じる判決を出した。

オリンパスは大正年間の創業で、顕微鏡やカメラなどの光学機器の有力メーカーとして知られる。１９８０年代には中堅メーカーに過ぎなかったが、医療機器の市場拡大のみならず、バブル期の財テクや企業買収などで業容を拡大し、２００７年度には、売上高１兆円を超える規模になっていた。

カメラ部門では、ニコン、キヤノンに次いで第3位、ＩＣレコーダーや内視鏡の分野では、７割以上のシェアを占める世界最大手の企業となった。かつては堅実な経営風土で知られていた同社だったが、円高不況による業績悪化を財テクで乗り切ったことなどを契機に、バブル期には、営業収益以上に営業外収益に重点を置く経営に傾いていった。

そしてバブル崩壊以降、財テクの失敗により、巨額の有価証券の含み損を抱える。これが２

001年3月期から導入される時価会計制度によって露呈するのを避けるため、複数の海外ファンドに含み損のある資産を形式的に売却し、損失を先送りして隠すなどの不正な経理操作に手を染めていった。

このオリンパス事件の裏では、野村証券のOBが多額の報酬をもらって指南役を務めていたことも判明し、世間の大きな注目を集めた。この野村OBもまた、東京地裁では原告の請求どおり5億円の支払いを命じられた。ただ、野村証券のOBが数年にわたって得た報酬額は、30億円を超えていたと噂される。指南役の一人は、この高額報酬で、米フロリダの高級リゾート地・ボカラトンで悠々自適の生活を送っていたという。

この事件でオリンパスの株価は急落し、会長はじめ関係役員も辞任。オリンパスは上場廃止の瀬戸際に立たされた。

その後、オリンパスは、弁護士と公認会計士から構成される第三者委員会を設置し、究明を行った。その報告書では、関係した歴代社長や経理部長（当時監査役）等に多額の損害賠償を請求すると共に、オリンパスの経営改善の具体的方策が提言された。

特捜部と警視庁は、元社長（3名）、元副社長、元監査役、証券会社OB（4人）などを、証券取引法、金融商品取引法の違反容疑で逮捕した。会社としても、2007〜11年にかけて各年度の連結純資産を不正に計上した容疑で、高裁で有罪判決が出た。

このオリンパス事件では、関係した監査法人も処分を受けた。2012（平成24）年7月6

日、あずさ監査法人と新日本監査法人が、金融庁から業務改善命令を受けた。オリンパスの監査は、２００９年3月期まであずさ、その後を新日本が担当している。

これがオリンパス事件のあらましだが、オリンパス以外でも、証券会社や一流企業にそのような操作を行っていたところがあったのでは、と噂は噂を呼んだ。

オリンパスから追放されたウッドフォードは、12億円もの和解金を手にし、急落したオリンパスの株価もその後、事件発覚前の水準以上に回復している。

地銀の模範生だったスルガ銀行が陥ったワナとは

業績悪化に苦しんでいた地方銀行が住宅ローンに注力する。それ自体は、解決方法として間違ってはいない。筆者の友人にも、他の銀行では借りられなかった住宅ローンを、金利は少し高かったが、スルガ銀行から融資を受けてマンションを購入できたと喜んでいた人がいる。

スルガ銀行は、１９８０年代、小口融資に特化した業務形態にシフトした。不動産ローンでは、建物の耐久年数を大幅に超える長期融資など、投資用物件への融資を積極的に拡大していった。大手行だと最短でも2週間かかる審査を、5営業日で終わらせるなどの特色を打ち出し、当時の金融庁長官から「他行に先駆けてニッチな分野を開拓し、収益を上げている」と称賛されていた。

しかし2014年以降、スルガ銀行は急速に怪しげな不正融資に関わるようになる。手を組んだのは、2012年設立の「スマートデイズ」という不動産会社だ。女性専用のシェアハウス「かぼちゃの馬車」を中心に、首都圏で事業を拡大していたスマートデイズの謳い文句は「〝家賃0円・空室有〟でも儲かる不動産投資」である。その仕組みはこうだ。

まず個人投資家にシェアハウスを購入させて、オーナーになってもらう。それを一括で借り上げ、入居状況にかかわらず、オーナーには一定の家賃を保証する。「サブリース」という形態だ。興味を示した投資家には、購入資金はスルガ銀行から融資が受けられると勧めた。その際、スルガ銀行側は、審査書類上で預金通帳の残高改ざん、貯蓄や所得の水増しなどの偽装工作を行っていた。無職の人を架空の会社に勤務していると偽るケースさえあったという。

こうして引き出された不適切な融資は、総額1兆円にのぼった。

しかし、徐々に入居率が低迷してくると、オーナーに支払われるはずの家賃が減額されるようになる。2018年1月、スマートデイズは家賃の支払いを停止。同年4月に民事再生法の適用を申請した。その結果、投資家の大半が融資の返済に困難をきたしてしまう。これが、スルガ銀行不正融資事件のあらましだ。

勤務先が発行した源泉徴収票の改ざんは私文書偽造にあたるし、その偽造された書類を基に融資を不正に引き出したとすれば、詐欺罪に問われる可能性もある。2018年4月、金融庁

2021年、「スルガ銀行不正融資被害弁護団」を結成し、記者会見する山口広共同代表（中央）ら
（写真提供：共同通信社）

はスルガ銀行に対し、実態の解明、報告を命じた。その結果、多数の不正行為が発覚し、スルガ銀行は業務停止命令を受けることになる。創業家である岡野家との清算も求められ、一族は役員を退陣する。

そこで手を挙げたのが、家電量販大手のノジマだった。２０１９年５月、ノジマとスルガ銀行の業務提携を発表。同10月、ノジマが岡野家から持ち株約13%を約１４０億円で買い取り、筆頭株主となる。さらに翌20年６月、ノジマ社長の野島廣司（ひろし）が、同行の社外取締役副会長に就任した。

しかし金融庁は、事業会社が銀行を経営することに難色を示し、その関係は1年で破談となる。野島は２０２１年６月、スルガ銀行の取締役を辞任し、ノジマが保有するスルガ銀行の全株式を同行に売却して、資本・業務提携を解消した。銀行と家電量販店という異業種組み合わせとして注目された提携は、３年でご破算となった。

現在、スルガ銀行は、単独での再建を目指している。その中で、創業家である岡野光喜（みつよし）元会長への待望論が高まっていると聞く。筆者も、岡野光喜とは、食事を一緒にしたりしてよく知っているが、若い頃に富士銀行（現みずほ銀行）で修行を積んでおり、バンカーとしての先見性も持ち合わせた、時代を先取りできる経営者だ。

わが国では、「あの経営者は過去に失敗したからダメだ」などといわれるが、本当にそうだろうか。例えば米国では、「あの経営者は、過去に失敗をした経験を持っているから、今度は成功するだろう」と期待される。岡野も過去の失敗を糧（かて）とすれば、地銀の経営者として立派にやり直しができるのではなかろうか。

安倍総理の「無制限緩和」宣言で市場は沸き立ったが…

平成時代後半で目立った経済政策といえば、「アベノミクス」だ。それまでの経済政策と異なり、アベノミクスは、思い切った手法で経済浮揚を進めた点に特徴がある。かつてのアメリカの「レーガノミクス」やイギリスの「サッチャリズム」のようにトップの政治家の名前を冠した経済政策として注目された。

２０１２（平成24）年12月26日、安倍晋三（あべしんぞう）・自民党総裁が第96代内閣総理大臣に選出され、自公連立政権が発足する。同年の11月に参議院が解散され、その2か月前に自民党総裁に返り咲いていた安倍は、大胆な金融緩和を旗印に選挙を戦った。「無制限緩和」という安倍総裁のメッセージに市場は沸き立った。その選挙に自民党は圧勝して3年ぶりの政権復帰を果たす。その後、円安・ドル高になり、株価も急上昇を始め、いわゆる「アベノミクス相場」が始まった。安倍晋三首相は、2012年12月の第二次内閣の発足にあたり、第一次内閣の理念先行の姿勢を反省して、次のように述べた。

「第一次政権では、国民の一歩先を行こうとして急ぎ過ぎた。第二次政権では、半歩先を歩く気持ちで取り組むつもりだ」

この第二次政権が誕生した前年の2011年1月、中国のGDPが日本を抜いて世界第2位になったという、ショッキングなニュースがもたらされる。

日本は、2008年のリーマン・ショックから徐々に立ち直りかけていたが、東日本大震災と超円高により、再び奈落の底に突き落とされたような状況だった。2011年3月期の鉱工業生産指数はマイナス成長に転落し、わが国史上最大の落ち込みとなる。日経平均株価も連日のように暴落していった。

円高も止まらず、2011年10月には、75円台を付ける。この円高は、欧州債務危機が収束する2012年の夏頃まで続いた。

安倍は、アベノミクスで政権運営の安定には、まず経済の支えが必要だと訴えた。そして以下の「三本の矢」を掲げる。

（1）異次元の金融緩和（2％のインフレ目標など）

（2）機動的な財政政策（大規模な公共投資など）

（3）民間投資を喚起する機動的な成長戦略（女性が輝く日本など）

このように日本経済の再生を政権の目標とするのは、昭和30年代に所得倍増を提唱した池田勇人(はやと)内閣以来のことだった。

まず、「一億総活躍社会」や「働き方改革」などのスローガンを掲げ、高齢者だけでなく子育て世代向けにも拡充する「世代型社会保障」の実現も目指した。そのために、消費税を5％から8％に（2014年4月）、8％から10％に（2019年10月）に、それぞれ引き上げた。その増税分の一部を幼児教育・保育の無償化の財源に回すなどの施策を実施し、自民党の支持層の幅を広げた。また、成長戦略の一環として環太平洋経済連携協定（TPP）を主導するなど、国際的な保護主義が強まる中で異彩を放った。

アベノミクスで重要な役割を果たしたのが、日銀である。安倍は日銀総裁を、金融緩和に慎重な白川方明(しらかわまさあき)に代えて、リフレ派の黒田東彦(はるひこ)を任命。副総裁には、同じくリフレ派の岩田規久男(きくお)学習院大学教授を任命した。

リフレ派とは、緩慢なインフレによって経済の安定成長を目指す経済論者だ。安倍政権にとって幸いだったのは、第二次安倍内閣発足直前の2012年11月を底に、わが国の経済が穏やかな回復基調に変わっていたことである。安倍は、日銀に対して2％のインフレ数値目標を設定し、大胆な金融緩和策を行う意向を表明した。

安倍内閣の「三本の矢」の下で、日銀は異次元の金融緩和政策を打ち出し、日本経済は一転円安、株高に恵まれた。輸出関連を中心に企業業績も改善した。しかし、デフレからの脱却は期待したほど実現できなかったし、財政再建も進まなかった。

黒田日銀総裁が目標とした「物価上昇率２％」は達成できず、政府が旗を振った賃上げ３％の実現も程遠い状況であった。

「物価上昇率2%」が達成できなかったわけ

アベノミクスの問題点の一つは、金利政策の、日本経済に与える影響度合いが低下してきている点を軽く見たことではないだろうか。

例えば、「公定歩合」である。公定歩合は、日銀が民間金融機関に融資する場合の基準金利である。中央銀行としての政策スタンスであり、強力なシグナルだ。従来は、円の金利体系を決める金融政策の柱であったが、預金金利の自由化は、１９９４（平成6）年10月に完了している。そのため、公定歩合と市場金利は直接には連動しなくなっていたし、バブルが弾けて企業の資金需要が低下し、金融機関への依存度が低下していた中では、多少金利を低め誘導しても経済全体に与えるインパクトは低くなっていた。

バブル時代には、預金で集めた資金の80％以上は貸し出しに回せていた。企業は資金さえあればどんどん成長できたから、借り手には事欠かなかった。しかし、その後のデフレ下で企業の資金需要が低下すると、貸し出しに回す比率は60％を下回るようになる。そのような状況では、金利政策の影響度合いも低下せざるをえない。

にもかかわらず、「異次元の金融緩和」として公定歩合を下げ、最後はマイナス金利まで導入した。その効果が限定的だったのは、当然といえば当然である。

その後、気候変動やロシアによるウクライナ侵攻などの影響もあり、世界的な資源不足で、日本の物価も２０２２年10月には３・６％上昇した。あれだけ苦心していた「物価上昇率２％」はやすやすと達成されたわけである。

そんな中、22年12月20日の金融政策決定会議で、日銀が市場を驚かせる決定をする。同年９月末の、日銀による10年物国債の保有割合が50・３％と半分を超えたこともあり、何も手を打てないだろうといわれていた日銀が、10年物国債の利回り上限を、これまでの０・２５％から０・５％へ引き上げたのだ。

振り返ってみると、22年10月頃から、黒田総裁の発言内容には変化が見えていた。衆院財務金融委員会で、長短金利の誘導目標を操作するイールドカーブ・コントロール（ＹＣＣ）を続ける考えを示しつつ、「２％の物価安定目標が見通せる状況になったとき、金融緩和の枠組みを柔軟化していくことは、一つの選択肢としてありうる」と答弁している。

２０２３年４月の総裁交代をひかえ、レームダック化していた中央銀行機能の回復を鑑(かんが)みて、日銀が動き出したのだ。２月の金融政策決定会議も含め、日銀の今後の動向に注目が集まっている。

筆者は、この10年の間に、日銀は中央銀行の機能を喪失したと考えている。本来の役割は「物価の安定をはかる」ことだったのが、最近は「金融政策によってマーケットを支える」役割のウエイトが大きくなってきているからだ。

実際に、安倍政権下のわが国の景気は、アベノミクス効果もあり、２０１２（平成24）年12月から２０１８年10月まで71か月続き、戦後最長だった「いざなみ景気」（２００２年２月から２００８年２月までの73か月間続いた好景気）に迫る好景気だった。

しかし今、ウォーレン・バフェット、ジョージ・ソロスと並んで世界三大投資家と称されているジム・ロジャーズが、その著書『世界大異変』（東洋経済新報社）で日本の将来に警鐘を鳴らしている。

「お金を印刷し続ければ続けるほど、次のクラッシュがよりひどいものになる。そして、数多くの国家が痛手を負うことになるが、その中で一番ダメージを被るのは日本になる。なぜなら日本の出生率は低く、外国人を受け入れておらず、日銀は今もなお大規模な緩和を続けているからだ」

安倍政権は、現実主義を貫いたこともあって、7年8か月超に及ぶわが国憲政史上最長の長期政権を樹立することになる。連続在任日数2822日、通算在任日数3188日で、わが国史上最長の内閣総理大臣在任日数を記録した。

その安倍元総理も2022（令和4）年7月8日に凶弾に倒れ、この世にはいない。安倍内閣でもっとも評価できるのは、世界的政治学者エドワード・ルトワックも言うように、「戦後の日本で『日本政府の政策』を再導入した最初の総理」であったことではなかろうか。

安倍以前は、日本の外務省、陸上自衛隊、海上自衛隊、内閣情報調査室などはアメリカのカウンターパートとよく連携していたが、それは、アメリカの国策を追いかけるためであり、日本のためのものではなかった。それを安倍総理は「日本の政策を持つことの重要性」を理解し、日本が米国と本物の仲間、同盟国になるために変えたのだ。

トランプ前米国大統領は、自身のソーシャルメディアで安倍をこう追悼している。

「安倍晋三氏がいかに偉大な人物であり、リーダーであったかを知る人は少ないかもしれない。だが、歴史がそれを教えてくれるだろう」

官僚の「質の低下」「過度の忖度」は、なぜ起こったか

証券界と長年、深い関係がある官庁は大蔵省（現在の財務省・金融庁）であった。その官庁に

も大きな変化が見られる。財務省官僚のトップである事務次官がセクハラで辞任したり、過度の忖度、さらには公文書の改ざんなど、かつては想像すらできなかったことが起こっている。

昭和が、城山三郎が称したように「官僚たちの夏」の時代だったとすれば、平成は、まぎれもなく「官僚たちの冬」の時代となった。だが、第二次世界大戦後、焼け野原になったわが国の経済復興と高度成長をリードしたのは、まぎれもなく霞が関の優秀な官僚である。

ハーバード大学教授エズラ・ヴォーゲルの『ジャパン・アズ・ナンバーワン』で称賛されていた、わが国の「優秀な官僚」は、どこへいってしまったのだろうか？

そこには、「政と官の関係の変容」があるだろう。昭和時代には、政と官は産業界と共に「鉄の三角形」を形成し、それぞれの利益拡大のための「よきパートナー」であった。それが、平成時代になると、経済の低迷や官僚の不祥事を契機に、「脱官僚・政治主導」へと変わっていった。それに拍車を掛けたのが、橋本龍太郎内閣の「中央官庁等改革」である。

中央官庁の再編（大蔵省の財務省と金融庁への分離など）、内閣機能の強化、行政組織のスリム化などが、２００１（平成13）年1月から始まった。そしてもう一つの転機は、２００９年の民主党・鳩山由紀夫内閣の発足である。鳩山首相は「官僚から、政治家主導の政治への転換」を訴えた。

極めつけは、２０１２（平成24）年の第二次安倍内閣の誕生である。森友学園や加計学園の問題で、苦しい答弁をせざるを得ない財務官僚の姿が幾度となくテレビで放映された。「忖度」

という言葉が、２０１７年の流行語にもなるほど世間を騒がせた。

もちろん、「忖度」は官界だけの問題ではなく、民間企業の世界にも存在する。問題なのは、「公僕である官僚による過度の忖度」だ。忖度が過度になると、公文書改ざんのように到底許されざる行為にまで走ってしまう。エリート官僚は、政府高官や政府の政策への忖度と官僚村の掟で、がんじがらめになっているのが現実だ。それは、出世を追い求める官僚の性（さが）といえるのかもしれない。

このような「過度の忖度」が行われるようになった理由は、二つ考えられる。

一つは、長期政権の弊害である。一人の人間が総理大臣のような絶対権力者の座に長期間にわたって座り続けるとさまざまな弊害が出ることは、歴史が証明している。２００６年の第一次安倍内閣から民主党の野田佳彦（よしひこ）首相の辞任までの6年余りの間には、6人の首相がほぼ1年ごとに交代したので、幹部官僚も首相に対して忖度する暇もなかった。そのような歴史の教訓から、米国などでは大統領の任期は2期までという掟になっている。

二つ目は、官僚幹部の人事権が内閣人事局に一元化されたことである。

内閣人事局構想は、橋本龍太郎内閣の省庁再編（２００1年）以来、政治家が挑んでは頓挫（とんざ）してきた。それを「政治主導」を掲げた安倍政権が、２０１４年に実現し、官邸に内閣人事局を設置した。また、国家公務員法の大改正によって公務員の人事制度は大きく変わり、人事権は内閣人事局に集約された。それにより、内閣は全省庁の審議官以上の幹部６００人の人事権を握ることになったのだ。

官邸が幹部人事を掌握した途端に、官僚は、公僕たる矜持も投げ捨て、政治家の意向を忖度して働く下僕になってしまったといわれた。

かつては、事務次官をはじめ幹部官僚の人事権は各省庁にあり、大臣や次官などの話し合いで決まっていた。例えば、昔の大蔵省時代は、次官経験者が新橋の料亭で話し合い、次の次官を決めていたとされる。それが、次官などの幹部人事が内閣に移ったことで、「過度の忖度」へとつながっていった。

人間として、自らの人事権を持っている権力者に対しては、どうしても媚び、言うことを聞かざるを得ないだろう。「忖度」には、官僚の人事権の所在が大きく関わっていることが見えてくる。

かつて、ある通産事務次官が「国家の経済政策などは、政財界の思惑や利害に左右されてはならない」と語っていた。

財務省を中心に、霞が関の官僚にとっては、政治家や政府に対する忖度はある程度はやむをえない面があるのかもしれないが、そこには当然、「良心」という判断基準が存在しなければならないし、公文書の改ざんのようなことは、絶対に許されることではない。いかなる状況下でも、民主主義国家の根底を揺るがすようなことはしてはいけないのだ。

それが現在では、財務省の元理財局長の国会答弁のようなことが起こるようになった。「記録はすみやかに廃棄しました」

元理財局長が森友学園への国有地売却を巡って、交渉記録の破棄を断言した瞬間だ。その発言が、公文書改ざんなどのような許されない不祥事を生んでいった。

この答弁を聞いた、ある財務省のOBがこうつぶやいたという。

「見事に泥をかぶった。だけど、これで彼の官僚人生は終わったね」

これらの不祥事を二度と起こさないようにするためにも、「政と官の在り方」を真剣に考える必要があるだろう。

令和の時代、もう証券会社はいらない？

平成になり、証券業界に君臨していた四大証券の一角・山一証券が姿を消し、日興も銀行の子会社となった。10社ほどあった準大手証券会社も、ほとんどが銀行の軍門に下ってしまった。

これからの証券会社は、どのように生き残っていけばよいのだろうか。

最近よく耳にする言葉に、「銀行業務は必要であるが、その担い手が、銀行である必要はない」というものがある。確かに、銀行業務の重要な柱である「送金業務」にも、より料金が安く利便性の高い方法が現れている。

証券会社にも、同じことが言えるのではなかろうか。
「直接金融市場としての証券業務の重要性はますます高まっていくが、その担い手は証券会社でなくてもいい」

かつて証券会社の基幹ビジネスは、ブローカー業務だった。このブローカー業務は、ここ数年、わずか5社ほどの大手ネット証券（ＳＢＩ証券、楽天証券、マネックス証券、松井証券、ａｕカブコム証券）に侵食されている。

最近では、取引量の8～9割がネット証券を通した取引だ。それを証明するように、ネット証券最大手のＳＢＩ証券の口座数は、２０２２年3月に７７０万を超えている（２０２２年3月期上半期の決算説明資料より）。これは、従来型証券会社で最大手の野村証券の５３５万口座（野村証券ＨＰより）より多い。

株式売買手数料も自由化の時代を迎え、かつての10分の1以下の水準になった。ネット証券の一部では、ゼロにする動きも出てきている。

こうした状況で、ネット証券自体もさらに進化している。

日本証券業協会によると、ネット証券の主要顧客層は40代以下の若年層で、金融資産の７割を所有しているとされる高齢者層は、大手対面証券が強い。そこで、ネット証券も高齢者を取り込むべく、高齢者向けの相続や信託関連の金融サービスを導入したりしている。例えば、楽天証券は、資産管理を家族に任せる「家族信託」用の口座開設を始めた。

また、ネット証券会社の最大手であるＳＢＩ証券は、地方銀行との連携を強化しているし、最近では、４番目のメガバンクにするために、新生銀行を配下に収めた。ＳＢＩ証券はさらに、スマホ金融での顧客拡大のために、三大メガバンクの一つである三井住友フィナンシャルグループとの提携を発表。両社は、スマホ向け金融、対面販売などを中心に幅広い協業を目指している。

2022年9月時点での新生銀行池袋フィナンシャルセンターの看板。新生銀行の池袋支店では、SBI証券子会社のSBIマネープラザとの共同店舗「新生銀行SBIマネープラザ」が運営されている
（写真提供：日刊工業新聞／共同通信イメージズ）

銀行も証券も、大手ほど変わる努力をしている。準大手・中小証券は、それ以上の努力をしていかなければ、落伍（らくご）して消えていく運命にあるのではないだろうか。

証券業界内部だけでなく、他業種の動きにも目を配る必要があるだろう。

金融業務は、これまでは、銀行業務は銀行、証券業務は証券会社、保険業務は保険会社と分かれていた。しかし、現在は、銀行の決済業務、証券会社の資産運用、保険会社の保険業務など多様な金融サービスが、スマートフォンで利用できる時代になってきている。従来のような垣根を意識しないワンストップ・サービス提供の動きが広まってきているのだ。

一方で、LINEや楽天など異業種が巨大な顧客基盤を生かして、一元的にサービスを提供する「リバンドリング（再結束）」のうねりも大きくなっている。このような状況を踏まえて、政府も、複数分野の商品を販売する「金融サービス仲介業」を認め、スマートフォン金融の拡大を後押しする姿勢を示している。

中小証券会社が生き延びる道とは

わが国の証券会社がこの荒波を乗り越えていくためには、次のような観点からの再検討が必要なのではなかろうか。

（1）ブローカー業務中心、売買手数料依存からの脱却
（2）ディーリング業務の比率を増やす
（3）投資銀行業務への進出を検討する
（4）投資信託にも注力する
（5）コストカット、とくにIT関連コストの削減

（6）その他業務への進出

以下、順に解説していこう。

（1）ブローカー業務中心、売買手数料依存からの脱却

ここで重要なのは、「手数料、情報量、利便性、他社との差別化対応」の4点である。投資家がまず関心を持つのは、株式手数料などの取引手数料だ。もちろん少ないほど歓迎されるが、何度も言うように、株式手数料の完全自由化の環境下では、その手数料をゼロにする動きさえ見られる。

このような環境下で、証券業がブローカー業務中心から変わっていかなければならないのは、時代の流れである。

最近の動きとして興味深く感じるのは、野村、大和の店舗政策の相違である。野村証券は、店舗数を従来の支店数170店以上から120店舗程度に減らした。一方、大和証券は、店舗数を大幅に増やしている。それぞれの経営戦略の相違の結果なのであろうが、その結果に注目したい。

重要なのは、投資家目線に立った改革である。投資家は株取引に当たって、手数料を重視する。しかし、それだけではないのも事実だ。手数料が高くても、その証券会社と付き合っていることでメリットがあれば、投資家は離れない。投資判断に関する情報提供が豊富で、投資利

益が期待できれば、手数料が多少高くても投資家は取引を継続してくれる。
取引の利便性も投資家にとっては重要である。担当営業員との人間的関係もあるかもしれない。要は、証券会社自身が考え、頭を使うことだろう。

（2）ディーリング業務の比率を増やす

前述したように、かつてディーリング業務はブローカー業務の「補完業務」と位置付けられ、幅広く行うことは禁止された。それが１９９３（平成５）年に、証券会社もディーリング業務が自由に行われように改革された。

ディーリング業務はリスクも伴うので問題点もあるが、生き残り策として重要な検討項目である。中小証券会社の中にはディーリング業務を重視しているところもあるし、実際にディーリングで利益を出しているところもある。山和証券、共和証券、丸国証券、三木証券などは、ディーリング業務に積極的に取り組んでいるといわれている。

とくに山和証券は、早くから今日のような状況を見越してディーリング業務に注力し、現在では、シンガポールにディーリング業務を行う子会社があるという。山和証券の山口隆弘社長は、これからの証券業界の牽引者としても注目されている。

昨今の新型コロナ禍では、対面営業の苦戦はもちろんのこと、売買手数料依存からの脱却も求められる。野村、大和、ＳＭＢＣ日興などの大手証券の対面営業が苦戦している一方で、もともと店舗や営業員を持たないネット証券には、ネットに親和性のある若い投資家が集まっている。

ネット証券大手5社の2020年3月の新規口座開設数は、1月と比較して、2・2倍の31万口座になったと日経新聞で報じられた。しかし、そのように好調に見えるネット証券でも、SBI証券のように売買手数料ゼロを目指す証券会社も現れ、変革が求められているのだ。

（3）投資銀行業務への進出を検討する

投資銀行業務、すなわちM&Aの仲介や債権引受業務などの「銀行と証券の中間業務」にも、これからは注力すべきではないだろうか。

野村、大和、日興SMBCなどの大手証券会社は、これまでにも、重要な柱としてこれらの業務に注力してきた。これからは、中小証券会社も、どうしたら参入できるかを真剣に考える必要があるだろう。

地銀との連携を深めていくのもその一つである。引受業務に強い証券会社には、顧客も注目するだろうし、同じ手数料ならばそのような証券会社と取引したほうがメリットは大きいと考えるだろう。中小証券は、まず、引受業務、M&A仲介業務に参入するという決断をして具体的に努力を続けなければ、なかなか結果は出ないのではなかろうか。

つである。

(4) 投資信託にも注力する

投資信託関連業務も、これからの中小証券会社にとっては重要課題の一つである。自社で設定までするのか、他社の投信を販売だけするのか、外国投信にはどう対応するのかなどを含めて、検討を始めなければ取り残されてしまうだろう。中小証券会社にとっては、重要課題の一つである。

(5) コストカット、とくにIT関連コストの削減

最後に、大手証券と比較して、中小証券が取り組まなければならない課題は、コストカットだろう。その観点で、業界をリードしているのが立花証券である。中小証券会社が生き残っていくためには、コスト削減が重要であるとの認識のもとに、立花証券は、システム関係のコストカットに果敢に挑戦してきたと聞いている。

立花証券の石井登社長は、「最後の相場師」と異名をとった創業者・石井久社長の後を継いで社長になった。彼がとくに注力するのが、システム関係のコスト削減だ。

証券会社のシステムを大別すると、フロント、ミドル、バックに分かれるが、石井社長が主に挑戦しているのは、バックオフィスシステムのコスト削減である。

現在、証券会社のバックオフィスシステムは寡占状態にあり、野村総研のシェアが7割とされる。大和総研なども開発しているが、そのシェアは10％に満たない。立花証券のバックオフ

ィスシステムを低価格で他の中小証券が使用できるようになれば、それらの証券会社のコスト削減に大きく貢献できるのではないかと期待されている。

いずれにしろ、証券会社にとってコストカットは重要な命題の一つだ。

（6）その他業務への進出

これからの証券会社は、FX業務、クラウドファンディング、高齢者向けの相続相談、信託関連の金融サービス業務、暗号資産、IPO（株式公開）関連業務などに積極的に参入することを慎重に検討し、実行する段階にきているのではなかろうか。

これからの証券会社経営では、リスクを伴う業務にも参入する必要があるだろう。

おわりに

「プラザ合意」から40年近くが経過し、当時、主役だったわが国は、今日の5G（第5世代通信規格）時代では脇役になってしまった。世界の国内総生産（GDP）のシェアでも12％から5％に没落した。それを端的に露呈したのが、今回の新型コロナ禍での「IT（情報技術）後進性」ではなかろうか。

平成時代にわれわれが直面してきた課題が未解決のまま、令和時代に引き継がれようとしている。また、わが国には、「急速に進行する少子高齢化」と「巨額に累積した財政赤字」という、海外の先進国よりもはるかに潜在成長を制約する大きな問題があることも忘れてはならないだろう。

赤字国債などを発行したわが国の借金は、国民一人あたり1000万円を超えた。「歪(ゆが)んだ資本主義」といわれても仕方がない状態になっている。

筆者は、これまで50か国を超える諸外国を訪問し、ニューヨークとロンドンには居住したこともある。しかし、日本に帰ってくるといつも「いい国だなあ」と心の底から感じる。現在のわが国の経済を「成熟経済時代に入った」などと決めつけるのではなく、心構え次第でいつでも再浮上できると考えることが大切だ。すべては、発想・考え方がスタートとなる。

最近設置された「令和臨調」（次世代に持続可能な日本社会と民主主義を引き継ぐため、世代や立場を超えた有志による会議）の共同代表となった、キッコーマン名誉会長の茂木友三郎の次の言葉に耳を傾けてみよう。

「今まで放置された問題を解決すべく努力しなければいけない。その一つが、ＧＡＦＡの急成長とは対照的な日本企業の低迷という課題だ」（『財界』財界研究所）

茂木は、「リスクテイクの必要性」も説いている。今から50年前、茂木がまだ30代のときに、単身で米国のウィスコンシン州に出かけ、醬油工場を建設した。そのリスクテイクがなかったら、現在のキッコーマンはなかったであろう。

また、オリックスのシニアチェアマン・宮内義彦はこう言う。

「１９９０年代前半にバブル経済が崩壊してから10年がたったころ、世の中には、『〈失われた10年〉を迎えてしまった。これはえらいことになった』という雰囲気がありましたが、もはや10年どころか、〈失われた40年〉に向けて片足を突っ込んでいます」（『日経ビジネス 第２１５７号』日経ＢＰ）

ここらで、心を入れ替える必要があるのではなかろうか。発想を変え、挑戦するのだ。そうしなければ、半永久的に「失われた時代」に沈んでしまうだろう。

令和時代が、わが国の飛躍の初年となることを祈って筆をおく。

令和5年1月吉日　　恩田 饒

◉主要参考文献

『バブル　日本迷走の原点』永野健二（新潮社）
『山一證券復活を目論む男の人材力』永野修身（河出書房新社）
『金融庁戦記　企業監視官・佐々木清隆の事件簿』大鹿靖明（講談社）
『戦後70年、日本はこのまま没落するのか　豊かなゼロ成長の時代へ』榊原英資（朝日新聞出版）
『わが外交人生』丹波実（中央公論新社）
『財務省秘録　大物次官、大臣らの証言で綴る』大下英治（徳間書店）
『the four GAFA　四騎士が創り変えた世界』スコット・ギャロウェイ著、渡会圭子訳（東洋経済新報社）
『住友銀行秘史』國重惇史（講談社）
『ザ・ラストバンカー　西川善文回顧録』西川善文（講談社）
『平成の経済』小峰隆夫（日本経済新聞出版）
『令和日本の大問題　現実を見よ！危機感を持て！』丹羽宇一郎（東洋経済新報社）
『めった斬り平成経済史　失敗の本質と復活の条件』高橋洋一（ビジネス社）
『令和を生きるための昭和史入門』保坂正康（文春新書）
『財務省の「ワル」』岸宣仁（新潮新書）

『「失われた20年」を超えて』福田慎一著、猪木武徳監修（ＮＴＴ出版）
『官僚たちの冬　霞が関復活の処方箋』田中秀明（小学館新書）
『平成金融史　バブル崩壊からアベノミクスまで』西野智彦（中公新書）
『平成経済　衰退の本質』金子勝（岩波新書）
『平成の終焉　退位と天皇・皇后』原武史（岩波新書）
『平成の教訓　改革と愚策の30年』竹中平蔵（ＰＨＰ新書）
『日本銀行と政治　金融政策決定の軌跡』上川龍之進（中公新書）

この他に、日本経済新聞、読売新聞、『週刊文春』『週刊新潮』『週刊現代』などを参考にさせていただきました

恩田 饒 おんだ・ゆたか

1934年生まれ。1962年に東京大学卒業。同年大和証券入社。米国大和証券社長、大和証券常務取締役、証券団体協議会常任委員長などを経て、1995年にKOBE証券（現インヴァスト証券）社長に就任。その後、2006年にシーマ（ジャスダック上場）社長、2009年にITbook（東証上場）社長、2012年に同社会長兼CEOを務め、2021年に退任。その傍ら、日経コラム「大機小機」の執筆（1992～94年）を担当。さらに『勝ち組に学べ！』（磯崎圭二との共著、シグマベイスキャピタル）、『女性を輝かせるマネジメント術』（山岸和実との共著、カナリア書房）などのビジネス書も著す。

実録 バブル金融秘史

二〇二三年一月二〇日 初版印刷
二〇二三年一月三〇日 初版発行

著 者――恩田饒

企画・編集――株式会社夢の設計社
東京都新宿区山吹町二六一 郵便番号一六二―〇八〇一
電話（〇三）三二六七―七八五一（編集）

発行者――小野寺優

発行所――株式会社河出書房新社
東京都渋谷区千駄ヶ谷二―三二―二 郵便番号一五一―〇〇五一
電話（〇三）三四〇四―一二〇一（営業）
https://www.kawade.co.jp/

DTP――アルファヴィル

印刷・製本――中央精版印刷株式会社

Printed in Japan ISBN978-4-309-22879-2